HOMESCHOOLING:

APRENDIENDO EN LIBERTAD

HOMESCHOOLING:

APRENDIENDO EN LIBERTAD

JOSÉ LUIS MELÉNDEZ

© **2020 José Luis Meléndez**
© De los textos: **José Luis Meléndez**

Título: HOMESCHOOLING: APRENDIENDO EN LIBERTAD

ISBN 9798636348092

Todos los derechos reservados

Ninguna parte de este libro puede ser reproducida ni almacenada en cualquier sistema –electrónico, mecánico, de fotocopiado, de almacenamiento en memoria o cualquier otro–, ni transmitida de cualquier forma o por cualquier medio, sin el permiso expreso del editor.

Ilustración de la portada: Claudio Solano, Vegetalia II
Número de control de la Biblioteca del Congreso: 0123456789

DEDICATORIA

*D*edico este libro a Dylan y a Bianca. Fue por ellos que iniciamos esta aventura que trasciende los límites de la casa y abarca cada aliento. Se lo dedico también a mi esposa, Michele. La sabiduría que puedas encontrar en estas páginas tiene mucho de la sensibilidad y de la naturalidad con que sabe comunicarme cosas profundas.

De forma especial este libro va dedicado a todos nuestros amigos homeschoolers. Hemos formado una comunidad muy unida que no importa si han persistido o si sus hijos han regresado a la escuela, no importa si nos vemos muchas veces durante la semana o la distancia geográfica lo impide, es un grupo de amigos que sigue unido. Todos hemos visto los buenos frutos del homeschooling. Hemos profesado respeto hacia las decisiones personales y de familia. Nos unen numerosas experiencias compartidas.

Dedico este libro a todas las familias del planeta que educan a sus hijos en el hogar porque tienen la posibilidad de cambiar el mundo desde tan modesto rincón.

Dedico el libro a miembros del magisterio, que para poder, de alguna manera, escapar de las trampas que les impiden servir como quisieran a nuestros niños y jóvenes, tienen que *convertirse en subversivos y desafiar el «orden establecido». Esperamos que la revolución educativa que asumimos al educar en el hogar les sirva de inspiración.*

Quiero también dedicarlo, de manera especial, a los que sufren la angustia de sentir que pierden el control del timón de la vida, al sentir que la vida de sus hijos es amenazada por una mala experiencia escolar que a veces raya en pesadilla. Lo dedico a esos padres a los que la incertidumbre y angustia causada por la experiencia escolar de sus hijos no les permite disfrutar de un proceso de educación y de crianza digno. Con este libro deseo ayudarles a cumplir satisfactoriamente con ser la primera línea de defensa para sus hijos.

Dedico este trabajo de amor, a la humanidad, porque para ella es el mensaje de que se puede resolver la crisis de la educación, una familia a la vez, a favor de los niños y de las mujeres y los hombres del mañana.

Tengo una deuda de gratitud impagable con todos los autores que se hacen presentes en este trabajo, y tantos otros autores, que aunque no mencione directamente, me han ayudado a escribir este libro.

Agradezco a todos los que al acercárseme para que les ayudara a aclarar dudas sobre el homeschooling, *tal vez no supieron que nuestros diálogos me enseñaron tanto como pude orientarles. Cada llamada para recibir orientación, cada grupo orientado, cada taller sobre* homeschooling *ofrecido, es para mí el regalo del despertar de otros, que fortalece mi sueño de un mundo mejor para todos nuestros hijos.*

Cada persona animada a tan siquiera considerar el homeschooling, *hace más real la posibilidad de ese mundo mejor. Este libro pretende invitarte a subir y a mirar, desde un lugar donde el panorama se observe con mayor claridad, hacia donde pinta bien el ahora inmediato y el futuro de nuestros hijos. Queremos ayudarte a subir a ese lugar donde habita la esperanza.*

Los niños son muy capaces si se les permite ser. Nosotros, los padres, somos muy capaces de realizar una hazaña excepcional al asumir las riendas de la crianza y educación de nuestros hijos. Así ha sido a través de la historia, antes del advenimiento de la escuela moderna. Sólo hace falta un pequeño impulso para que sigas el curso. Sólo hace falta ponerte en contacto con un poco del conocimiento que ya habita en ti para comenzar esta aventura de amor a la humanidad, expresada a través del amor incondicional hacia tus hijos.

Que esta aventura nunca te deje igual sino mejor persona. Aunque para los adultos este mundo nos pueda parecer cruel y hostil, para los niños de hoy este es el mejor tiempo para estar vivos.

Desde la intimidad de tu hogar y desde la promesa de un mejor presente y de un mejor mañana para cada niño que nos honra con su llegada, comienzo estas reflexiones y diálogo contigo.

*Si un niño no puede aprender de la manera en que enseñamos,
tal vez deberíamos enseñar de la manera en que aprende.*

Ignacio Estrada

*Si la educación es buena entonces la necesidad de ella se habrá
de manifestar como el hambre.*

Leo Tolstói

*El aprendizaje ocurre cuando alguien quiere aprender, no
cuando alguien quiere enseñar.*

Roger Schank

*Lo que queremos ver es el niño en búsqueda de conocimiento, no
el conocimiento en búsqueda del niño.*

George Bernard Shaw

ÍNDICE

DEDICATORIA — 7

INTRODUCCIÓN — 15

PRÓLOGO — 17

PRIMEROS PASOS — 23

MEJOR EN CASA QUE EN LA ESCUELA — 37

DEFINIR EL *HOMESCHOOLING* — 87

CORRIGIENDO EL CURSO — 121

¡URGENTE! ¡CURRÍCULOS! — 143

PEDAGOGÍA DE LA FLOR — 163

LA ADMISIÓN — 175

INVITADOS DE HONOR — 179

EL FALSO DILEMA DE LA SOCIALIZACIÓN — 193

«EDUCACIÓN ESPECIAL» — 215

EPÍLOGO — 221

INTRODUCCIÓN

Son muchas las oportunidades que me han privilegiado al poder orientar a familias en torno al *homeschooling*. Siempre aprendo con ellos y siempre me regalan sabiduría. Llevo mucho escribiendo y leyendo sobre este tema. Para ser preciso, me sumergí intensamente en estas búsquedas desde el primer embarazo de mi esposa.

Tengo en mis costillas alrededor de veinte años de experiencia como estudiante formal, desde el kínder hasta la Universidad. Creo que eso debe servir de algo como para poder formar una opinión sobre la educación y la escuela.

He tenido el privilegio de ofrecer, a través de la entidad Eduquemos Para la Vida, dirigida por mi buen amigo Ray Adorno, talleres y seminarios en escuelas a miles de maestros, trabajadores sociales, orientadores, directores, padres y estudiantes. Doy fe de la entrega y capacidad de tantos extraordinarios maestros que se desviven por sus estudiantes.

Al ver el estado crítico en que se encontraba el sistema escolar, la experiencia tuvo un efecto dramático en nuestra decisión de optar por un aprendizaje sin escuela. Esto también me motivó a realizar una investigación profunda sobre el origen de la escuela obligatoria.

HOMESCHOOLING: APRENDIENDO EN LIBERTAD

Nos informamos sobre la educación en el hogar. Leí muchos libros y artículos, de los cuales mucho de lo descubierto y aprendido comparto aquí contigo, mediante el apoyo de citas o porque se hallan presentes en el espíritu que inspira el libro. A medida que avances observarás que, lamentablemente, muchas críticas hechas a la escuela hace prácticamente medio siglo atrás o más, te parecerán actuales, dirigidas a la escuela de nuestros tiempos. Esto debe darte una idea de la futilidad de la retórica reformista, por más entusiasmo que la impregne.

Me impulsa el compromiso con mis hijos y su generación. No es suficiente que mi esposa y yo podamos sentirnos satisfechos y felices de las vidas que viven nuestros hijos, sus logros y su calidad humana y la preservación de sus facultades de autoaprendizaje, enmarcada en el desenvolvimiento de una estructura orgánica, no escolar. Queremos extender esta posibilidad a ti y a tus hijos.

A los niños les fascina aprender. Pero muchos detestan la escuela. Parece una contradicción, pero no lo es. Espero ayudar a aclarar el porqué de esta aparente paradoja. Espero ayudarte a que puedas brindar a tus hijos la mejor educación posible.

PRÓLOGO

Al momento de terminar este libro ha ocurrido un fenómeno insólito. En Puerto Rico, a raíz de un terremoto ocurrido el 7 de enero de 2020, las clases se suspendieron. Luego, ante el hecho de que algunas escuelas colapsaron, como resultado del impacto del terremoto, y que, posteriormente, se supo que muchas escuelas no cumplían con los códigos de seguridad, se extendió el cierre de escuelas. Esto causó que muchos padres comenzaran a responsabilizarse de la educación de sus hijos sin que fuera el resultado de un acto voluntario. En algunos refugios personas comprometidas y valerosas improvisaron salones de clases. Para mí y para muchos *homeschoolers,* las llamadas para recibir orientación sobre educación en el hogar fueron la orden del día.

Más tarde surge un cierre de escuela en todo el planeta, a causa del enemigo invisible del coronavirus y la implementación, casi global, de una política de salud pública de una sola talla para todos. El 11 de marzo de 2020 la Organización Mundial de la Salud declara el coronavirus como una pandemia. El mundo detiene la marcha, la humanidad se acuartela en sus hogares, las escuelas duermen. Las pruebas estandarizadas quedan suspendidas. La impresión que se tiene es de un atraso severo en la educación, porque confundimos aprender con ser procesados por la línea de ensamblaje de la fábrica escolar. Los padres se ven forzados a lidiar con este desafío.

Para tranquilidad de los padres y para ayudarlos a recuperar la confianza en sí mismos, es importante destacar que históricamente la escuela no tenía ninguna razón educacional legítima para justificar su imposición obligatoria. En su libro *Public School, Public Menace*, Joel Turtel (2005) afirma que, en el norte de Estados Unidos el nivel de alfabetización para el año 1850 aumentó, de un 75% a entre un 91% a un 97%.[1] La escuela no se impone como obligación porque la educación de los niños estuviera en riesgo. El autor afirma que el alto nivel de alfabetización entre la población general respondía a una sola posibilidad. Es obvio que la mayoría de los padres valoraban la educación de sus hijos y hacían un trabajo que no requería de la escuela.

Carol Black, directora del documental Schooling the World, afirma lo siguiente:

...prácticamente todos los colonos estadounidenses blancos en las colonias del noreste, en el momento de la Revolución Americana, sabían leer, no porque hubieran ido todos a la escuela, y ciertamente no porque todos hubieran recibido tutoría en fonética, que no existía en ese momento. Common Sense de Thomas Paine, que no es exactamente una lectura ligera, vendió más de 500,000 copias en su primer año de publicación, el equivalente a un libro que vende sesenta millones de copias en la actualidad. La gente aprendió a leer de diversas maneras, algunos en pequeñas escuelas de un salón, pero muchos de sus madres, tutores, ministros ambulantes, maestros de aprendices, parientes, vecinos, amigos. Podían leer porque, en una población alfabetizada, realmente no es tan difícil transmitir la alfabetización de una persona a otra. Cuando la gente realmente quiere una habilidad, se vuelve viral. No podrías detenerlo aunque lo intentaras.

---

[1] Turtel, J. (2005). *Public School, Public Menace*. Liberty Books. P.10

PRÓLOGO

En otras palabras, podían leer por las mismas razones por las que ahora podemos usar computadoras. No sabemos cómo usar las computadoras porque lo aprendimos en la escuela sino porque queríamos aprenderlo y éramos libres de aprenderlo de la manera que mejor nos funcionara. Es la más triste de las ironías que muchas personas ahora ven la fluidez y la eficacia de este proceso como una característica de las computadoras, en lugar de verla como lo que es: una característica de los seres humanos.[2]

De hecho, desde que se establece la escolarización obligatoria, al parecer esta nunca tuvo una era dorada. John Taylor Gatto, Maestro del Año de la Ciudad de Nueva York y del Estado de Nueva York, ofrece un testimonio escalofriante de esta tragedia:

Según un documento oficial de la oficina del senador Ted Kennedy, antes de introducir la escuela obligatoria, la tasa de alfabetización en el estado de Massachusetts era de 98%. Después bajó a menos de 91% y hasta ahora nunca volvió a superar esta cifra.[3]

La lógica de los grados, de las secuencias bajo las que operan los currículos de una sola talla para todos, por otro lado, no parece tener mucho que ver con el aprendizaje. La idea de que se tenga que penar una larga sentencia escolar de doce años no se debe a que si no son doce años no se consuma el aprendizaje. De eso hablaremos con mayor profundidad más adelante.

Si lo que a la escuela le toma doce años en enseñar a un *homeschooler* le puede tomar dos o tres años en aprender, podemos relajarnos. Especialmente durante los primeros años de vida, en que la educación formal interrumpe y cancela el aprendizaje espontáneo y autodirigido de los niños.

---

[2] http://carolblack.org/a-thousand-rivers
[3] http://www.altisimo.net/escolar/Gatto-sepor%20que%20la%20escuela%20no%20educa.htm

Dar a los hijos en adopción parcial a una institución que se supone eduque es visto como un acto normal. No se concibe como adopción parcial aunque por más de diez años los padres dejan a extraños a cargo de sus hijos. Esta noción está tan arraigada que muchos padres no saben qué hacer con lo que en la mayor parte de la historia de la humanidad era considerado lo normal: padres que educaban y criaban a sus hijos. Se habla de que los padres, ante el cierre indeterminado de escuelas, están haciendo *homeschooling*, pero no es cierto.

La educación en el hogar, por ejemplo, no se parece en nada a la enseñanza en línea a la que muchos estudiantes y familias se han visto forzados a someterse (con enormes sacrificios de maestros para improvisar esta alternativa) mientras se estaba en cuarentena durante esta primavera, a causa de la crisis del COVID-19. Los niños educados en el hogar no están obligados a someterse a la presión académica de fechas límite que impone la escuela para entregar asignaciones. Los padres no tienen que perder el sueño enfrascados en ayudar con tareas que parecen creadas con ellos en mente. Los niños pueden descansar tanto como lo necesiten. Todo marcha a un ritmo conveniente para el que aprende y para la familia.

Mientras los niños están en sus casas algunos padres se están volviendo locos porque están conectados con la escuela. Están tratando de cumplir con las cuotas de módulos. Escuchamos decir cosas como «ahora entendemos lo difícil que es ser maestro». No es del todo cierto. Lo que es difícil es pretender enseñar como la escuela cree que se debe enseñar. A ese sentido de rigor, que se suele confundir con excelencia, se ven sometidos y limitados los buenos maestros.

Forzar una enseñanza basada en currículos de una sola talla para todos, esperar que todos aprendan lo mismo a la misma vez, es una receta para el desastre. En su libro *The Underground*

PRÓLOGO

History of American Education, John Taylor Gatto, destaca la magnitud del distanciamiento entre la visión actual de lo que pasa por educación y la visión que parte de las experiencias históricas que más se alinean a lo que manifestamos desde que nacemos como la orientación natural del aprendizaje. Así lo plantea Gatto:

La idea de escolarizar hombres libres en cualquier cosa hubiera sublevado a los atenienses. La instrucción obligatoria era para esclavos. Entre hombres libres, aprender era una autodisciplina, no el regalo de expertos.[4]

La situación actual de muchas familias forzadas por las circunstancias a quedarse en sus casas con sus hijos y realizar tareas escolares, no es de lo que se trata el *homeschooling*. Verte en la obligación de sentarte con tus hijos y completar un *Vía Crucis* de tareas y ejercicios que se suponen estarían realizando en la escuela, es la manera menos recomendable de educar en el hogar. Los padres que optan por educar en el hogar están inconformes con la escuela. Si están inconformes con la escuela no hace sentido retirar a los hijos de la escuela para forzarlos a seguir en la escuela, trasplantada en casa. Las materias que enseña la escuela son irrelevantes para la mayoría de los niños. Están todas disponibles si en algún momento les interesa aprender sobre ello. Mucho de lo que se pretende enseñar se aprenderá como resultado de una necesidad real y personal de aprender, y en mejores condiciones, sin que una nota, artificialmente escasa, usurpe el lugar que le corresponde al aprendizaje.

La experiencia de aprender sin escuela no implica estar encerrados en la casa. Contrario a esta idea los *homeschoolers* se pasan fuera de la casa, en museos, parques, cines, teatros, conferencias. Salen de viaje, van a los supermercados, a las playas, toman clases fuera de la casa. Pueden ser clases de arte, música, robótica, costura, artes marciales, etc. Practican

---

[4] Taylor Gatto, J. (2006). *The Underground History of American Education*. Oxford. P.12

deportes, visitan amigos, familiares. Organizan actividades de ayuda comunitaria.

Ante el encierro causado por la amenaza del coronavirus, la vivencia, el estilo de vida de la educación en el hogar, se ha visto afectado. Que estén atascados con sus hijos en sus casas no define a la educación en el hogar, la distorsiona.

La educación en el hogar es el resultado de una decisión responsable, un ejercicio del derecho y un acto de soberanía. La soberanía en la crianza y educación de nuestros hijos es tan esencial como lo es la soberanía alimentaria y la soberanía personal. Si no has tomado la decisión de educar en el hogar, en principio no estás educando en el hogar porque las circunstancias te han forzado a quedarte en casa con tus hijos. Alimentar la discordia porque tus hijos no cooperan con las demandas de la escuela es imitar en casa lo peor de la escuela. Frustrarte porque tu hijo no domina una materia no tiene que ver con un problema de aprendizaje sino con un problema de enseñanza. La buena noticia es que esto puede cambiar para bien.

Este libro está escrito contigo en mente. No está escrito para contribuir a satisfacer las demandas que la escuela te impone sino para ayudarte a satisfacer las necesidades de tus hijos, en el marco histórico de un mundo muy diferente al que responde el modelo escolar. La idea es facilitar el aprendizaje que nace del interés del que aprende, sea por iniciativa propia o porque tu propuesta le hizo sentido.

El nuevo mundo que les ha tocado vivir a nuestros hijos tiene la posibilidad de que, como familia, podamos contar con la elección de buenos maestros y mentores para ellos. Quienes educamos en el hogar conservamos ese poder esencial de selección y de elección.

Espero poder ayudarte.

PRIMEROS PASOS

El primer paso que se suele dar antes de optar por la educación en el hogar es investigar sobre el tema. Actualmente hay tanta gente que ha optado por el *homeschooling* que, seguramente, conoces a alguna familia que lo practica.

Lo primero que recomendamos hagas es ponerte en contacto con familias que practican la educación en el hogar. Al inicio de nuestra experiencia de *homeschooling* visitamos un grupo de apoyo. Ya teníamos la decisión bastante clara pero al ver a tantas familias *homeschoolers* juntas, nos entusiasmó ver tantas maneras personalizadas de hacer *homeschooling*, tan diversas como las hojas de un árbol.

En contraste con los acostumbrados currículos de una sola talla para todos, vimos en el *homeschooling* una reorientación de los procesos de aprendizaje a favor del que aprende. Vimos cuán valioso e indispensable es el respeto profundo hacia el ritmo de cada cual. Esto nos ayudó a fortalecer aún más la decisión tan importante en nuestras vidas y en la vida de nuestros hijos de educar en el hogar. Se trata de una decisión íntima y personal, que puede beneficiarse de un acercamiento a familias que hacen *homeschooling*. Siempre fuimos atendidos con mucha generosidad y con una disposición enorme por ayudar.

Leer buenos libros sobre el *homeschooling* es muy

recomendable, aunque hay quienes tienen éxito sin haber leído mucho. La clave está en el impulso natural de los niños por aprender.

También hay mucha información valiosa disponible sobre el tema en vídeos y *blogs*. Estaremos compartiendo algunos enlaces relacionados con lo que vayamos comunicando en estas páginas, mas tu propia búsqueda puede llevarte a descubrir otras buenas fuentes.

No hay obligación de pertenecer a un grupo de apoyo pero suele ser muy recomendable que lo hagas. Conocemos familias que no han participado de grupos de apoyo y a sus hijos les ha ido muy bien. Pero la tendencia es a integrarse y participar en uno (y a veces, hasta en más de uno).

En estos grupos encuentras el respaldo de padres que llevan más tiempo que tú, más o menos el mismo tiempo que tú, y, con el paso del tiempo, menos tiempo que tú haciendo *homeschooling*. Se comparten impresiones entre padres y se da la posibilidad de adquirir material educativo usado, a buenos precios —muchas veces hasta gratis—. Los niños comparten y surgen actividades divertidas que se dan espontáneamente o que requieren un poco más de planificación. Se coordinan giras, visitas a museos, al teatro, talleres, días de juego, etc. Se imparten charlas de mucho interés y es una oportunidad para apoyar a otras familias.

Lo importante es dar los primeros pasos y relajarse. En breve te explico cómo y por qué.

EDUCAR EN EL HOGAR: LEGALIDAD

Lo que sigue a continuación no constituye una opinión legal.

Cada país tiene sus propias leyes dirigidas al asunto de la educación. Toda familia que esté contemplando la opción de educar en el hogar debe conocer las leyes vigentes sobre la educación en el hogar de su país.

El *homeschooling* es legal en Estados Unidos y en Puerto Rico. Cada estado cuenta con su propia legislación en torno a ella. Aquí nos concentramos en la legalidad del *homeschooling* en Puerto Rico.

El derecho a educar en el hogar está constitucionalmente protegido en virtud de la decimocuarta enmienda de la Constitución de los Estados Unidos de Norteamérica. En virtud de esta enmienda el *homeschooling* es legal en cada estado. En algunos estados el *homeschooling* está altamente regulado, en otros medianamente regulado, y en otros estados —como también ocurre en Puerto Rico—, no hay ninguna regulación. La aspiración es reducir las regulaciones hasta cero, no al revés.

Alrededor de once estados, al igual que Puerto Rico, gozan de cero regulación.[5] Esta libertad facilita tomar un camino completamente distinto al camino que sigue la escuela, ese camino que, seguramente, es lo que te tiene considerando el *homeschooling* como alternativa que la sustituya eficazmente. El hecho de que el *homeschooling* se regule a sí mismo nos protege de que las imposiciones de regulaciones del estado, que siguen deteriorando la educación, nos afecten. Por ello hemos luchado a capa y espada, exitosamente, en contra del más mínimo intento de regularnos. Por eso el Departamento de Educación de Puerto Rico no tiene ningún poder sobre la manera en que manejes la educación en el hogar de tus hijos, una vez le informas tu decisión. Es un ejercicio en ley y lo estás ejerciendo.

En caso de quienes profesan principios religiosos, a la opción de la educación en el hogar también aplica la primera enmienda a la Constitución de los Estados Unidos, Libertad de Culto, y

---

[5] Legal Information Institute. (s.f.) *La primera enmienda*. Cornell Law School. https://www.law.cornell.edu/wex/es/la_primera_enmienda

también el artículo 2, sección 3 de la Constitución de Puerto Rico.

La legalidad de la educación en el hogar en Puerto Rico se ampara, además, en el artículo 2, sección 5 de la Constitución del Estado Libre Asociado de Puerto Rico (s.f.). Dicha sección lee como sigue:

> La asistencia obligatoria a las escuelas públicas primarias, hasta donde las facilidades del Estado lo permitan, según se dispone en la presente, **no se interpretará como aplicable a aquellos que reciban instrucción primaria en escuelas establecidas bajo auspicios no gubernamentales.**[6]

Ante la gravedad de la crisis que sufre la escuela —al que hay que sumar su anacronismo—, y ante las ventajas del *homeschooling* y su actualidad, optar por educar en el hogar es considerado por cada vez más familias. No sólo es una opción protegida por la Constitución de Puerto Rico y de Estados Unidos, sino que la LEY NUM. 33 DE 7 DE JUNIO DE 2017 reconoce de forma explícita tu derecho a optar por la educación en el hogar.

Dicha ley estipula lo siguiente en su artículo 2.- Política Pública:

> «La selección de la opción educativa, sea licenciada pública o privada o no licenciada como el *"**homeschooling**"* […] **constituye un derecho fundamental de los padres dentro de sus prerrogativas de libertades de asociación y religiosa.**»[7]

Esta ley otorga el reconocimiento oficial del gobierno de

---

[6] Énfasis del autor.
https://www.cijc.org/es/NuestrasConstituciones/PUERTO-RICO-Constitucion.pdf. P.3
[7] Énfasis del autor.
https://www.lexjuris.com/lexlex/Leyes2017/lexl2017033.htm

PRIMEROS PASOS

Puerto Rico a la educación en el hogar. Ante la ley, y sin comprometer nuestra libertad de autorregular la educación en el hogar, la opción es reconocida explícitamente y por ley como una alternativa educativa viable y aceptable. Nuestra persistencia obtuvo una opinión oficial favorable por parte del gobierno, sin que se invadieran, regularan o limitaran nuestras libertades como educadores en el hogar.

Para dar de baja a tu hijo de la escuela con el fin de iniciar el *homeschooling*, sea de la escuela pública o privada, lo único deberías tener que hacer es informarlo por escrito a la escuela. Se le entrega a la directora una carta informándole tu decisión. Debido a que se trata de un derecho que estás ejerciendo, se supone que no tengas ningún inconveniente y que la escuela te entregue una copia del expediente de tu hijo. La escuela puede tratar de retener a tu hijo mas se supone que no te puedan obligar a participar de orientación sobre *homeschooling* que ellos ofrezcan, ni que muestres un certificado de participación, ni evidencia de preparación académica. No necesitas una carta de una organización o grupo de apoyo, ni evidencia de currículos que vayas a utilizar. Sólo necesitas mantenerte firme en tu decisión.

Cuando comunicas tu intención de hacer *homeschooling*, a la escuela no le estás pidiendo permiso, le estás informando. Es un proceso idéntico a como ocurriría si le estuvieras informando que tu hijo no regresa porque lo vas a matricular en una escuela privada. Por esta razón la escuela debe tratar la decisión con el mismo respeto y no discriminar. Estás ejerciendo tu derecho natural, moral, legal y constitucional, de procurar la mejor educación posible para tu hijo.

Al darles de baja de la escuela los padres asumen plena responsabilidad sobre la educación de sus hijos. Vas a darle de alta a una nueva vida de aprendizajes y logros.

La selección de currículos es un asunto privado. De hecho, el Informe Negativo sobre el P. de la C. 1954, de la Cámara de Representantes de Puerto Rico, contra un proyecto que pretendía establecer medidas regulatorias contra el *homeschooling* en PR, reconoce lo siguiente:

> El Estado reconoce el derecho natural e inalienable de los padres a determinar y escoger libremente la mejor manera de educar y criar a sus hijos, independientemente que ello signifique la obtención de la educación mediante **programas de educación en el hogar. La educación en el hogar ha trascendido barreras de tiempo, incredulidad y falta de información, y es, hoy día, una opción viable para los padres que así lo determinen para sus hijos.**[8]

En cuanto al asunto de los currículos, estipula lo siguiente:

> El Departamento de Educación advierte que si estableciera unas guías de reglamentación para la enseñanza en el hogar, estaría, preparando guías de enseñanza para entidades privadas, lo cual ciertamente vulneraría los más elementales principios legales y constitucionales.[9]

Como padres tenemos la libertad y la responsabilidad de encargarnos de que nuestros hijos tengan la mejor experiencia de aprendizaje posible. De querer seguirle los pasos a la escuela y reincidir en sus errores y fallas uno la imitaría hasta en la selección de currículos y horarios. Esta libertad nos da una enorme ventaja para proveer a nuestros hijos de un estilo de vida en el que el aprendizaje y la vida son una misma cosa. Al punto que, el hecho de estar aprendiendo, no responde a un rito escolar sino a un impulso tan propio de la vida como lo es respirar. Mucho del aprendizaje se

---

[8] Énfasis del autor.
https://recursoseducativospr.com/2014/10/09/el-programa-de-ensenanza-en-el-hogar-informe-negativo-sobre-el-de-la-c-1954-___8__-de-mayo-de-2006/

[9] https://recursoseducativospr.com/2014/10/09/el-programa-de-ensenanza-en-el-hogar-informe-negativo-sobre-el-de-la-c-1954-___8__-de-mayo-de-2006/

da sin que se enteren que está ocurriendo.

Aunque no es requerido por ley que te integres a un grupo de apoyo de *homeschoolers*, es altamente recomendable que lo hagas. De tener dudas sobre los pasos a seguir al optar por la educación en el hogar ellos seguramente te podrán ayudar.

Tu familia puede considerar afiliarse a la *Home School Legal Defense Association*. Han estado defendiendo el *homeschooling* a través de los Estados Unidos e incluso en otros países. Su ayuda para Puerto Rico ha sido un factor clave para que podamos disfrutar del estatus actual tan favorable para la educación en el hogar en nuestra isla. Además de su labor de carácter legal en defensa de la educación en el hogar, los amigos de la *Home School Legal Defense Association* también proveen excelente información y recursos muy prácticos.

¿Que no sabes por dónde empezar? Empieza por disfrutar del alivio de tensiones con los cambios que comenzarán a experimentar. No es necesario que salgas de inmediato a comprar un pupitre y una pizarra. No tienes que tener listos currículos y textos de antemano o de inmediato. Hablemos de ideas en torno a cómo comenzar.

LA MOCHILA Y LAS PIEDRAS

Muchos padres se acercan a la alternativa de educar en el hogar emocionalmente cargados y abatidos. Parecen cargar una mochila llena de piedras pesadas. Piedras que otros les han hecho creer son necesarias cargar. Las piedras tienen forma de pesados procesos burocráticos sin sentido, libros de texto que caducan al cierre del semestre, asignaciones que sobrecargan, malas notas, quejas, amenazas de fracaso, diagnósticos que parecen descalificar, etc. La vida de sus hijos parece escapar de entre sus manos y les pesan las frustraciones y preocupaciones que la escuela les causa.

Puede que un hijo sea víctima de «*bullying*», incluso institucional. Puede que a esos padres los estén hostigando para que droguen a su hijo. Puede que su hijo esté sufriendo estados emocionales de ansiedad por presiones académicas antipedagógicas.

La paradoja es que antes de ser obligados a ir a la escuela para ser desdichados, los niños suelen aprender hasta sin proponérselo, animados y felizmente. Pero tan pronto ingresan a la escuela cargan la mochila de piedras que amenazan con deformar y quebrantar la columna vertebral de la moral de los niños y de sus padres.

Así lo explica John Taylor Gatto:

> La primera lección que enseñan las escuelas es la tendencia a olvidar, obligando a los niños a olvidar cómo se enseñaron a sí mismos cosas tan importantes como caminar o hablar. Esto se hace tan agradablemente y sin dolor que la mayoría de nosotros estaría de acuerdo en que la única área de la escolarización que tiene pocos problemas es la escuela primaria, aun cuando allí es donde tiene lugar el daño masivo a la producción del lenguaje.[10]

Hasta hace poco, tal vez pensabas que tu hijo no tenía más alternativa que la escuela. Tal vez te han recomendado el *homeschooling* pero sabes muy poco de la opción. La buena noticia es que sólo tienes que abrir la mochila y deshacerte de todas esas piedras que frenan el aprendizaje y aplastan el placer que causa aprender.

---

[10] Taylor Gatto, J. (2006). *The Underground History of American Education*. Oxford. P.308

PRIMEROS PASOS

Nos anima compartir soluciones ante una crisis tan apremiante. Pero se necesita determinación y confianza para vaciar la mochila.

Son muchos los padres a los que hemos podido ayudar. Se hallaban como el que sube una montaña con una insufrible mochila cargada de piedras pesadas. Al vaciar la mochila no pierden nada importante pero ganan todo lo valioso que puede significar el alivio de una liberación de la conciencia. El camino es mucho más liviano.

Al eliminar la sobrecarga que llevas en la mochila te sentirás más liviano y te permitirá reenfocar el propósito de subir la montaña: llegar a la cima para mirarnos desde la cima de otro mundo posible, y observar la vida desde la mejor perspectiva que se puede lograr. En este caso alcanzar la cima significa llegar a un lugar en la conciencia desde donde se pueda mirar al niño, sin filtros que lo distorsionen y trabajar porque este tenga un presente y un futuro digno.

Desde esa cima puede uno aplicar el consejo siguiente, ofrecido por Frank Smith en su libro, *insult to intelligence, the bureaucratic invasion of our classrooms*:

> Tienes que mirar el mundo a través de los ojos de los niños para descubrir cuánto aprenden. Si miras desde el punto de vista del adulto con experiencia vas a prestarle demasiada atención a aquellas cosas que los niños aún no conocen, en lugar de darle crédito por las hazañas intelectuales que ya han logrado.[11]

Te invito a que vacíes la mochila de lo que pesa y no contribuye a subir la montaña hasta la cima. Así tu niño se volverá la razón de ser de su aprendizaje, no la mochila ni quien te la vende como imprescindible para el camino. Mucho menos

---

[11] Smith, Frank, (1988). *Insult to Intelligence: The Bureaucratic Invasion of our Classrooms.* HEINEMANN Postmouth, NH. P.32

las inútiles piedras.

APRENDIZAJES PARA TODA LA VIDA

A muchos les han hecho dudar de la capacidad de sus hijos. En parte porque el radar de las métricas de la escuela es incapaz de registrar el vasto universo de aprendizajes particulares que cada niño adquiere, dentro o fuera de la escuela. Les son invisibles al no prestarse para ser sometidos a sus limitados instrumentos de medición. Esto ocurre aunque esos aprendizajes vayan a ser de mucha importancia en sus vidas de adultos.

Luego de verlos aprender tanto, antes de ingresar a la escuela, muchos padres nos comentan que han visto un estancamiento o un deterioro en el aprendizaje. Por otro lado unos padres me comentaron que optaron por el *homeschooling* porque, a pesar de que su hija era estudiante de A, sus notas no reflejaban dominios de conocimientos básicos.

Educar en el hogar puede liberar al niño de un ambiente escolar hostil y de demandas arbitrarias. Posibilita un aprendizaje en un entorno que se ajusta a la naturaleza misma del proceso, sin piedras innecesarias y pesadas en la mochila.

La escuela puede crear la impresión falsa de que enseñar es bien complicado. A muchos padres esta falacia les causa mucha incertidumbre, ante la idea de hacer *homeschooling*. No se sienten preparados. Quiero ayudarte a superar esa impresión.

Laura Grace Weldon, autora de *Free Range Learning*, nos explica que:

> Es difícil ver más allá de la mentalidad de la escuela porque la mayoría de nosotros fuimos a la escuela en nuestros años formativos. Entonces, cuando pensamos en la educación, tendemos a ver la escuela como el estándar, incluso si nos damos cuenta simultáneamente de que

muchas partes de ese modelo...no son necesariamente beneficiosos. Reducir la forma innata en que aprendemos puede interferir con el desarrollo completo de nuestras habilidades.[12]

Cuando se habla de cómo la escuela define el aprendizaje cabe destacar, como afirma Carol Black, directora del documental *Schooling the World*, que

> los "datos" en que se basa la escuela no pueden considerarse "la ciencia del aprendizaje". Son "la ciencia de lo que le ocurre a las personas en la escuela".[13]

Lo que quiere decir es que se trata de instrumentos de medición limitados a la escuela. Estos instrumentos de medición no aplican al aprendizaje en general. Tan sólo aplican a la manera en que la escuela administra la enseñanza, que no es lo mismo.

Reconociendo que se está dando un aprendizaje que trasciende los límites de lo académico, con el *homeschooling* verás que, prácticamente, te encuentras en mejor condición que cualquiera de identificar esos aprendizajes en tu hijo. En cuanto a renunciar a la confianza versus a confiar tus hijos a expertos en estos asuntos, John Taylor Gatto, nos emplaza con la siguiente interrogante:

> ¿Cómo es que fuimos engañados al punto de creer que se necesitan especialistas para asuntos que están al alcance de la gente común? ¿Cómo es que llegamos a pensar tan poco de nosotros?[14]

Al finalizar esta lectura, la pregunta planteada por Gatto ya no será para ti. Te voy a ayudar a reducir, si es posible a cero, la

---

[12] Weldon, Laura Grace. https://alternativestoschool.com/2014/08/06/five-ways-transcend-school-mindset/
[13] http://carolblack.org/a-thousand-rivers
[14] Gatto, J. T. (2006). *Weapons of Mass Instruction: A Schoolteacher's Journey Through the Dark World of Compulsory Schooling*. New Society Publisher. P.32

inseguridad ante lo aparentemente desconocido. Hoy puede ser el comienzo de un presente y futuro prometedor para tus hijos, desde el ejercicio pleno de la libertad y la responsabilidad, reconociendo que cada hijo es un ser único y que cada uno es dueño en potencia de un caudal incontenible de aprendizajes, para toda la vida.

PRIMEROS PASOS

MEJOR EN CASA QUE EN LA ESCUELA

Cuando optas por la educación en el hogar, la escena ideal es que no hagas de esa experiencia una versión a escala menor de la escuela. Así lo aconseja John Holt, autor que, entre los que educamos en el hogar, es una de las voces más consultadas. Es un autor de profunda sabiduría. Se distingue por la agudeza de sus observaciones en torno a los niños y por su defensa de la educación en el hogar.

Seguramente, estás buscando una alternativa a la escuela porque esta te ha decepcionado. Entonces, no hay razón para imitar aquello que en principio te movió a tomar tan importante decisión. Sobre todo, si donde vives no existen regulaciones que te limiten y te obliguen a reproducir en casa aspectos de la escuela que te llevaron a tomar la decisión de explorar esta ruta.

Aprendiendo sin escuela, a base del interés, lleva al entrecruzamiento de materias en vez de la fragmentación que se da en la escuela, en forma de materias y horarios separados entre sí. Aprendiendo sin escuela posibilita unas interconexiones de saberes que dan coherencia al desarrollo del entendimiento.

Existen otras razones para no tratar de llevar la escuela a casa de las que estaremos conversando. Entre ellas, que tus hijos tienen la posibilidad de una experiencia de aprendizaje que responde a las realidades del excitante siglo XXI que les ha tocado vivir.

Sabemos que para algunos se les hace fácil entender y aplicar esta recomendación. Para otros, no tanto. Hay que entender que la presencia de la escuela como único lugar para el aprendizaje, aun cuando eso nunca fue cierto, aún pesa en nuestras conciencias escolarizadas. Ante esta influencia tan profundamente arraigada en nosotros, que estés considerando la educación en el hogar es digno de admiración y nos llena de entusiasmo y de esperanza.

Estás comenzando a liberar tu conciencia de una loza pesada que de alguna u otra manera afectaba el progreso de tu hijo o de tu hija. Aunque en tu caso hayas disfrutado de tu experiencia escolar, lo cierto es que hoy no es como ayer. Son otros tiempos muy diferentes.

HOY NO ES COMO AYER

Cuando se origina la escolarización obligatoria la supresión de la creatividad puede que haya causado estragos en muchos niños. Mas a diferencia de hoy, aun con las posibles lesiones causadas por la escuela y su fijación en la obediencia autómata —con sus ventajas en el mundo industrializado—, existía un enorme mercado de empleos en la manufactura. Se contaba con un mundo del trabajo que no requería de grandes habilidades como las que la escuela valora y reconoce, y por las que discrimina a favor de quienes logra identificar bajo su interpretación trunca de inteligencia —de lo que hablaremos más a fondo—. En la actualidad, el hecho que la escuela siga preparando a los niños para ese mundo del trabajo que ya no existe la convierte en un anacronismo y en un peligro, presente y futuro. Ante el giro que ha dado la economía, una que es impulsada por el conocimiento (y lo que puedas hacer con dicho conocimiento), aspectos de nuestra condición humana como la imaginación y la creatividad hoy se han vuelto imprescindibles.

Vas a encontrar, a través de estas páginas, propuestas de grandes pensadores sobre reforma educativa y revolución educativa. Para estos pensadores de la educación se trata de sugerencias entusiastas y propuestas seductoras, pero entre *homeschoolers*, se trata de ideas exitosamente probadas que no tienen que esperar por nadie. ¿Cómo lo sabemos? Porque para los *homeschoolers* no son propuestas sino aspectos de la experiencia cotidiana.

Laura Grace Weldon plantea un argumento que ayuda a superar la falsa impresión de la escuela tradicional como principio y fin del aprendizaje. Así lo plantea la distinguida escritora y veterana educadora en el hogar estadounidense:

> La educación estructurada es en realidad bien reciente para la experiencia humana. Peor aún, en realidad socava la forma en que los niños están preparados para avanzar en sus habilidades y madurar hasta convertirse en adultos capaces. Eso se debe a que la mayor parte del tiempo que la humanidad ha pasado en la Tierra ha sido como cazadores-recolectores nómadas, antes del advenimiento de la agricultura. Este lapso de tiempo comprende aproximadamente el 98% de la historia humana. Aunque nuestra cultura y estilo de vida han cambiado considerablemente, nuestras mentes y cuerpos no lo han hecho. Al igual que nuestros primeros antepasados, todavía estamos sintonizados con los ritmos de la naturaleza, nuestros sentidos nos alertan e indican que reaccionen rápidamente ante el peligro, deseamos una estrecha interdependencia con un círculo íntimo de personas y necesitamos, en nuestros primeros años, una crianza altamente receptiva que fomente gradualmente nuestras capacidades.[15]

MEJOR EN CASA QUE EN LA ESCUELA

Weldon también hace la siguiente observación:

> La instrucción similar a la de una escuela ha existido por menos de una fracción del uno por ciento del tiempo en que los humanos hemos estado en la tierra. Sin embargo, la humanidad ha prosperado. Eso se debe a que todos nacimos para ser aprendices de campo libre. Nacemos motivados para explorar, jugar, emular modelos a seguir, desafiarnos a nosotros mismos, cometer errores y volver a intentarlo, obteniendo dominio continuamente. Así es como todos aprendemos a caminar y a hablar. Así es como los jóvenes se han convertido en adultos capaces a lo largo de la historia. Y así es como hemos avanzado en las artes, las ciencias y la tecnología. A largo plazo, la escuela es el experimento.[16]

Suma a las observaciones de Weldon que lo que a la escuela le toma doce años en tratar de enseñar a todos los niños a la vez, un niño educado en el hogar lo puede aprender en dos años o menos, a su ritmo. ¿Cómo es posible que se pueda comprimir en un par de años lo que a la escuela le toma doce años?

A principios de los años 70, Everett Reimer escribió un libro titulado La Escuela ha Muerto. Reimer había llegado a Puerto Rico en 1954 para asumir la función de Secretario del Comité de Recursos Humanos. En Puerto Rico conoce a Iván Illich, un intelectual y visionario, autor de Sociedad Desescolarizada. Una de las misiones de Reimer era recomendar un programa educativo para hacerle frente a las necesidades de la isla. Una de las observaciones que hace el libro es la siguiente:

> Estudios en torno al factor tiempo llevados a cabo en Puerto Rico por Anthony Lauria, demuestran que menos

---

[15] Weldon, Laura Grace. https://alternativestoschool.com/2014/08/06/five-ways-transcend-school-mindset/
[16] Weldon, Laura Grace. https://alternativestoschool.com/2014/08/06/five-ways-transcend-school-mindset/

del 20 % del tiempo del maestro se halla disponible para las actividades de instrucción. El resto se emplea en el control de la conducta y en la rutina administrativa. Los datos de Lauria corroboran una declaración hecha por John Garner mucho antes de ser ministro de Salud, Educación y Seguridad Social, en el gobierno federal estadounidense. Garner afirmó que **todo cuanto se enseña a un graduado en la secundaria a lo largo de doce años de escolarización se puede aprender fácilmente en dos, y con un poco de esfuerzo en un solo año.**[17]

El que un tiempo tan extenso como lo es un 80% se tenga que dedicar a asuntos que no tienen relación con el aprendizaje de materias académicas, es un serio problema que se suele ignorar, A su vez es un problema que la educación en el hogar no suele padecer. Los padres no tienen que exigirle a su hijo que renuncie a ser niño para que adopte un rol de recipiente inerte. Tampoco lo tiene que someter a una comunicación que fluye en una sola dirección, como suele ocurrir en el salón de clases.

En promedio un estudiante va a estar expuesto, desde que ingresa a la escuela hasta que sale, a un total de aproximadamente 1,400 horas de matemáticas. En cambio un *homeschooler,* con más o menos 140 horas, tiende a lograr un dominio práctico de las mismas materias. Añade a ello la posibilidad de explorar su aplicabilidad práctica porque de pronto le sirve de instrumento para un asunto de su interés.

La razón por la que existe una escolarización de más o menos doce años no parece haber sido porque se estimara que fuera ese el tiempo necesario para educar a una persona. Luego de confrontar mucha resistencia, durante los años de la Gran Depresión Económica, en Estados Unidos se legisla para impedir

---

[17] Énfasis del autor.
Reimer, Everett (1981). *La escuela ha muerto: Alternativas en materia de educación.* GUARDARRAMA/Punto Omega. P.30-31

que los niños y jóvenes tuviesen acceso al mercado laboral. Estos eventos históricos están bien documentados en un libro que se titula *The Case Against Adolescence*, de Robert Epstein. En su libro el autor explica que no es coincidencia que las leyes de escolarización obligatoria surgieran más o menos en paralelo con las leyes que restringen el acceso al mercado laboral a los jóvenes. El autor también afirma que algunas personas estaban impulsando ambos esfuerzos. Epstein explica lo siguiente en referencia a la expulsión de los jóvenes del mercado laboral:

> La crisis del mercado de valores de 1929 y la posterior gran depresión dieron impulso al movimiento, principalmente porque los empleos se hicieron repentinamente tan escasos, que los líderes estaban desesperados por excluir a tantas personas como fuera posible del mercado laboral.[18]

Se van añadiendo años escolares de relleno que impiden que los jóvenes puedan dedicar sus años de mayor efervescencia energética a sus proyectos personales. De acuerdo Epstein, las leyes escolares del momento respondían a formas de pensar como la que el autor expresa a continuación:

> La idea es suficientemente simple: no queremos a la gente joven trabajando, aún cuando deseen trabajar y hallen oportunidades de trabajar sin que sean explotados; queremos que asistan a la escuela, aunque no deseen asistir a la escuela y aunque no estén listos para aprender.[19]

Mientras que a temprana edad a los niños se les trata como si se les estuviera preparando para ingresar a una universidad, a los jóvenes se les extiende la niñez artificialmente. Estos se ven

---

[18] Epstein, Robert (2006). *The Case Against Adolescence: Rediscovering the Adult in Every Teen.* Quill Drivers Book. P.35
[19] Epstein, Robert (2006). *The Case Against Adolescence: Rediscovering the Adult in Every Teen.* Quill Drivers Book. P.38

obligados a renunciar al ejercicio de la libertad. Tampoco se les permite asumir responsabilidades propias de su edad, que no sea la del rol de estudiante pasivo. La función impuesta es la de recipientes inertes, dependientes de una «autoridad» externa. Son forzados a asumir como suyo un proyecto de empleo como estudiantes, y recibir notas como pago por sus esfuerzos.

Mas los tiempos han cambiado de manera dramática y el modelo escolar es insostenible por caduco. Aunque a uno no se le ocurriría que hay que enviar a los niños a ser explotados al mercado laboral, es preocupante que se les explote en el mercado educacional. En lugar de seguir fomentando una cultura de asalariados, en la actualidad es sumamente aconsejable desarrollar un espíritu de emprendimiento. Que los niños pinten fuera de las líneas, porque necesitamos adultos que piensen fuera de la caja, o mejor aún, que puedan deshacerse de la bendita caja.

Debemos perderle el miedo a que nuestros hijos sueñen en grande y aspiren. Aspirar a grandes cosas va a variar de persona a persona. Lo importante es que cada cual pueda superar sus temores, al saber, dentro de sí, que pueden llegar más lejos. A fin de cuentas, no puedes llegar muy lejos si no es ayudando al prójimo. Y mientras más ayuda eficaz brindas más apoyo recibes y más realizado eres. El dinero es un medio para alcanzar un fin, pero tener suministros inagotables de combustible se parece al impulso dinámico mismo de los niños. Hemos vivido bajo el asedio de la mitología de la escasez. Comencemos a soñar y a crear la abundancia.

El *homeschooling* te ofrece la posibilidad de un ecosistema propio para el desarrollo de tu hijo. Educado en el hogar un niño puede ser niño, un joven puede ser un joven. Todo con la intención de que pueda llegar a ser la mejor versión adulta de sí mismo.

Hoy definitivamente no es como ayer. El *homeschooling* cobra un ímpetu enorme ante la crisis actual de la escolarización. El crecimiento sigue su curso luego que en Estados Unidos se publicara un informe que reveló el estado crítico de su sistema educativo. El informe, que salió a la luz pública en abril de 1983 se titula: «Una Nación en Riesgo: La Necesidad Imperiosa de Reformar la Enseñanza». Las conclusiones devastadoras del informe las podemos resumir en la siguiente sentencia:

> Si un enemigo extranjero hubiera intentado imponer en América el sistema educativo mediocre existente, lo habríamos considerado como un acto de guerra.[20]

La opción de educar en el hogar devuelve a los padres la función que siempre tuvieron antes de que se impusiera la escolarización obligatoria, sin una razón relacionada a un problema de educación. A juzgar por el alto nivel de alfabetización en Estados Unidos, antes de que se impusiera la escuela obligatoria, es evidente que los padres estaban a la vanguardia de una experiencia educativa que registraba excelentes resultados. Tu decisión de educar en el hogar puede contribuir enormemente a restaurar nuestra maltrecha cultura, a un ritmo que responda a la estructura de desarrollo de tu hijo.

Al descartar a la escuela como modelo a seguir, sabiendo lo que ahora sabes, puedes ser flexible con el tiempo. Tu hijo puede aprender más allá de lo que se espera que en la escuela aprenda. La serenidad de espíritu, cuando se despeja la mirada y se vislumbra un mejor tiempo para el aprendizaje, no tiene precio. La eficacia la escuela la suele confundir con velocidad y la velocidad con excelencia académica. Sin embargo los mejores trabajos a veces conllevan tiempo y atención, sin presión. El tiempo y el espacio para la educación de nuestros hijos se merece ese nivel alto nivel de entendimiento. A fin de cuentas se tiende a aprovechar mucho más el tiempo y requerir menos de nuestra intervención para aprender más.

---

[20] http://www.mat.uc.pt/~emsa/PMEnsino/ANationatRisk.pdf

¿APRENDER SIN COMPRENSIÓN?

Imagínate a un niño que se dispone a ir al parque de su vecindario. Su madre, que preside la junta de la urbanización, le pide que como la secretaria de la junta vive cerca del parque, le lleve un mensaje antes de llegar al parque. El mensaje es que para la reunión de la noche recuerde traerle una copia de la minuta de la pasada reunión.

El niño no sabe qué significa «minuta» pero recuerda la palabra porque la asocia con la palabra «minuto», que sí conoce. La memoria le sirve para cumplir con el encargo. El mensaje llega y a la reunión llega la secretaria de la junta con las minutas. ¡Misión cumplida! Pero la comprensión no la obtiene. El niño nunca vio las minutas ni aclaró su significado. Lo que el niño obtiene es familiaridad con una palabra. La palabra lo deja en blanco.

En el libro *Academic Discourse* escrito por los intelectuales franceses Pierre Bourdieu, Jean-Claude Passeron y Monique de Saint Martin, esta tendencia de la academia de no aclarar el significado de la palabra malentendida se define como la «complicidad de la ignorancia».[21]

Al igual que este ejemplo, la escuela se conforma con crear familiaridad con conocimientos, se conforma con la memorización, pero descuida la comprensión y la profundidad. No suele haber análisis ni crítica sino respuestas correctas, independientemente de que la información sea cierta o falsa. Los esfuerzos individuales de maestras pueden ser épicos por ayudar a los niños pero es un desperdicio de buenas intenciones cuando, tan cerca de la meta, se omite el paso final que completa un ciclo de comunicación: la comprensión. Sin comprensión no se puede obtener un conocimiento. Sin dicho conocimiento es imposible poder aplicar, en

---

[21] Pierre Bourdieu, Jean-Claude Passeron y Monique de Saint Martin (1996). *Academic Discourse*. Stanford University Press. p. 20.

el mundo real, lo que no se posee.

La educación en el hogar posibilita que haya comprensión plena de lo que se está aprendiendo. No tienes la presión arbitraria del tiempo, de modo que se facilita persistir hasta alcanzar comprensión y dominio. No tienes que memorizar superficialmente para vaciar tu memoria provisional en un examen. Puedes corregir errores sin sufrir consecuencias o penalidades arbitrarias. Puedes usar el internet sin restricciones, consultar expertos, poner a prueba un dato, en fin, avanzar sin la amenaza de fracaso ni el aprendizaje incompleto e inútil, porque no se comprendió lo que se estudiaba.

SI COMPRENDE APRENDE

La profundidad que produce la comprensión es esencial para consumar una comunicación, para poder ejercer el criterio responsablemente y para tomar decisiones informadas, pero no parece ser necesaria para pasar exámenes. Los *homeschoolers* tienen altas posibilidades de disfrutar de lo que podemos considerar una ventaja pero que en realidad debería considerarse un punto de partida para todos los niños del mundo.

Una A en un examen no significa comprensión ni refleja tanto inteligencia como memoria. No es que un estudiante de A no sea inteligente, pero no es la nota lo que define su inteligencia. El catedrático de MIT, especialista en lingüística, escritor e intelectual, Noam Chomsky, en un video titulado *The Purpose of Education* afirma que un estudiante puede obtener una A en un examen y no haber comprendido nada. Tampoco resulta extraño que estudiantes de A terminen trabajando para estudiantes de C.[22]

Esta distorsión contrasta con el niño, que antes de ser removido de su familia y su comunidad, para ingresarlo a la escuela, venía aprendiendo sin parar. El aprendizaje se daba mediante el juego, mas de pronto olvida cómo aprendía. Queda

---

[22] https://www.youtube.com/watch?v=-QkhJTHp5r8

confundido por la escuela al ser despojado de la iniciativa de la curiosidad y del impulso dinámico de un aprendizaje autodirigido con el que nació.

John Holt, en su libro El Fracaso de la Escuela, plantea lo siguiente:

> En el momento de poner por primera vez los pies en el edificio escolar, casi todos los niños son más listos, más curiosos, están menos asustados ante lo que desconocen, más prestos a deducir y averiguar cosas, más seguros, llenos de recursos, tenaces e independientes de lo que volverán a ser durante toda su permanencia en la escuela.[23]

Es ciertamente trágico que las palabras de Holt (1969), todavía apliquen a estos tiempos y ante un cuadro más grave aún. Ese terrible escenario puede dejar de existir cuando decides hacer *homeschooling*. Remover a un hijo de la escuela para educarlo en el hogar implica recobrar el paso, sendero y ritmo que dicta su propio proceso de aprendizaje. En caso de que nunca haya ido a la escuela son altas las probabilidades de que nunca pierda el impulso nativo por aprender.

VE A TU RITMO

El aprendizaje que honra al niño y respeta su ritmo, sin la perturbación que causa la uniformidad forzada, lo potencia la educación en el hogar. Cada niño nace con un impulso natural por aprender. Ese impulso está latente. Sólo hace falta el espacio y tiempo generoso que permita asomarse en la mirada inquisitiva de los niños, su hambre por saber.

El pupitre estándar es símbolo de la enseñanza estándar. Sin embargo lo ideal sería, como pasa con la cabina de aviones que se ajusta al piloto, que la enseñanza se ajustara al que aprende. De

---

[23] Holt, John. (1977). *El fracas de la escuela*. Alianza Editorial. P.22

esto nos habla Todd Rose en una video-conferencia titulada *The Myth of Average*. En esta conferencia Rose demuestra que no existe tal cosa como una persona promedio o un arquetipo de normalidad, y que no debemos comparar a nuestros hijos a la luz de nadie.[24]

Todd Rose, autor de *The End of Average, How We Succeed In A World that Values Sameness*, hace unas observaciones valiosas en una entrevista, sobre la pretensión de imponer arbitrariamente un ritmo uniforme a los niños. Es muy importante ese señalamiento porque la idea del ritmo uniforme no responde a cómo los niños aprenden. Así plantea Todd el asunto del ritmo:

> Creo que cuando observas la idea del ritmo, estamos tan convencidos de que lento significa lerdo y que rápido significa inteligente. Nos sentimos justificados en fijar el tiempo a partir de cuán rápido la persona promedio tarda en finalizar.[25]

Un niño puede tomarse más tiempo en aprender y aun así puede lograr un dominio superior que el dominio que desarrolla un niño que se supone aprendió a un ritmo más rápido. Así lo plantea Todd:

> Pero aquí es donde, con una mejor comprensión de esto y reconociendo que, «oh, el ritmo realmente no tiene nada que ver con la capacidad, la gente es rápida en algunas cosas y lenta con otras», se deberá construir un sistema muy diferente al que tenemos.[26]

Con la educación en el hogar no tienes que sentarte a esperar a que alguien se digne en hacerle caso a las buenas

---

[24] https://www.youtube.com/watch?v=4eBmyttcfU4
[25] https://www.delawarepublic.org/national-headlines/2016-02-16/standards-grades-and-tests-are-wildly-outdated-argues-end-of-average
[26] https://www.delawarepublic.org/national-headlines/2016-02-16/standards-grades-and-tests-are-wildly-outdated-argues-end-of-average

recomendaciones de Todd. El niño educado en el hogar puede disfrutar de un aprendizaje que vaya a su ritmo.

Rose, que de niño fue considerado un fracasado crónico y actualmente es profesor de Harvard, nos hace el siguiente emplazamiento:

> Mientras la gente siga pensando que puede entender a los demás sobre la base de promedios, o por la forma en que se desvían del promedio, parecerá razonable. Parecerá una forma de rendir cuentas y de justicia, en lugar de reconocer su absurdo.[27]

Cada niño es único y especial. La escuela parte de una premisa de uniformidad forzada. Dicha uniformidad responde a un promedio. La educación en el hogar representa un camino en la dirección correcta. Representa también una respuesta afirmativa a la advertencia siguiente que nos hace Todd:

> Si no conseguimos deshacernos de esta forma de pensar acerca de nosotros mismos y de las personas que nos rodean, va a ser difícil obtener la demanda pública para crear un cambio sostenible.[28]

Entre preocupaciones y dudas pero desde un enorme sentido del deber y responsabilidad hacia los hijos, la educación en el hogar lleva tiempo marchando a otro ritmo: al ritmo de cada niño. Es la ruta a un «cambio sostenible».

ERRORES BIENVENIDOS

Educar en el hogar no se supone sea un sueño color de rosa. Tampoco se supone sea un calvario. No va a ser perfecto. Se cometen

---

[27] https://www.delawarepublic.org/national-headlines/2016-02-16/standards-grades-and-tests-are-wildly-outdated-argues-end-of-average
[28] https://www.delawarepublic.org/national-headlines/2016-02-16/standards-grades-and-tests-are-wildly-outdated-argues-end-of-average

errores. No temas equivocarte. El peor error es no hacer nada por temor a equivocarte. Los errores se reconocen, se enmiendan, se asumen responsablemente, se aprende de ellos. Esto permite que nuestros hijos vean que así como ellos, cuando cometen errores y se les permite corregirlos y aprender de estos, nosotros los adultos nos caemos y nos levantamos también. Además, es en sí mismo una enseñanza para la vida que contrasta con el condicionamiento que impone la escuela de asociar error a fracaso.

El riesgo de una F convierte al error en una amenaza de «fracaso». La F para los *homeschoolers* —nos lo explicó una niña *homeschooler* y su madre en unas vistas senatoriales en defensa del *homeschooling*—, significa «fortaleza». Para un estudiante de escuela, la F puede ser una mancha imborrable en su mente, una humillación vergonzosa, un signo de debilidad de la inteligencia, una caída en desgracia, una amenaza que pareciera pudiera arruinarle el porvenir, un FRACASO por decreto. Puede ser tan injusta como devastadora.

Como muy bien plantea el empresario Robert Kiyosaki, en su libro Segunda Oportunidad:

> ...nuestras escuelas castigan a los estudiantes que cometen errores. La pregunta es, ¿cómo puede aprender alguien si tiene miedo de equivocarse?[29]

En la medida que pasan los años los estudiantes se tienden a volver más conservadores. Evitan el riesgo del error. Pierden lo que se conoce como pensamiento divergente, la capacidad de contemplar posibilidades fuera del uso o significado común de las cosas. Esta capacidad es indispensable para sobrevivir en un mundo que ha establecido a la creatividad como principio del desarrollo personal, cultural y económico.

Aprendemos a hablar luego de cometer «errores» continuos

---

[29] Kiyosaki, R. (2013). *Segunda Oportunidad*. Debolsillo. pp. 329-330

en forma de balbuceos, sonidos que sólo tienen sentido porque está ocurriendo un aprendizaje. Ni siquiera se le presta mucha atención ni se identifica el proceso como una cadena de errores. Partimos de esos esfuerzos para animarlos y ayudarlos. Pero el logro y la conquista es del que aprende.

Caminamos luego de muchos tumbos y tropiezos. ¡Y cómo celebramos los padres esos logros, esa primera palabra, ese primer paso!

Kiyosaki, un ávido lector de los trabajos de John Taylor Gatto, lo explica como sigue:

> Si observas a un bebé cuando aprende a caminar, te darás cuenta de que da unos pasos, se cae y llora, pero después de un tiempo, lo vuelve a intentar... se pone de pie, cae y llora. Los bebés repiten el proceso hasta que llegan a correr. Luego el siguiente desafío es aprender a andar en bicicleta, y el proceso de aprendizaje continúa. Y si el niño se cae de la bicicleta, lo vuelve a intentar hasta que aprende a manejarla. Su mundo se expande gracias a los errores que comete.[30]

Una vez ingresan a la escuela, lo que se supone sea una experiencia que fortalezca y apoye ese impulso natural por aprender, realmente parece operar en dirección opuesta. Esto lo confirman los números internos y oficiales de fracaso escolar. Kiyosaki añade lo siguiente:

> Luego los chicos van a la escuela, en donde aprenden que los alumnos inteligentes son los que memorizan las respuestas correctas, y los que se equivocan son estúpidos. Después consiguen un empleo del cual los despiden si cometen errores. En otras palabras, en cuanto un niño va a la escuela, su proceso de aprendizaje se retrasa. A los

---

[30] Kiyosaki, R. (2013). *Segunda Oportunidad*. Debolsillo. p. 330

cinco años aprende a tenerle miedo a los errores, y a tratar de no cometerlos.[31]

Aprendemos de la oportunidad ilimitada de cometer errores hasta dominar una habilidad. Antes de ingresar a la escuela nadie suele detenernos nuestro aprendizaje y progreso, para decretar un fracaso. Así es que se aprende a tocar guitarra, violín, piano. Así se logra el dominio y el desarrollo de destrezas en los deportes. Así se avanza en la ciencia y en la innovación.

Exigir la respuesta correcta es incompatible con una educación genuina, que promueva la capacidad de observación propia de niños, artistas y científicos. Crea la ilusión de una verdad absoluta que proviene de una autoridad externa. Invita a comprometer la integridad y honestidad porque si para ti la respuesta correcta está equivocada, renuncias a ella para no sufrir represalias. Esto no quiere decir que no hayan maestros sumamente sensibles y receptivos a observaciones críticas. Recuerda que estas observaciones van dirigidas al carácter sistémico de la escolarización. En cambio la educación en el hogar potencia un desarrollo de una cultura profundamente analítica, una experiencia rica en la argumentación y el debate inteligente y profundo.

En su libro *Mindstorms* el destacado científico computacional, matemático y educador, Seymour Papert, nos da una idea de lo que significa escribir un libro. Exigir la respuesta correcta no es solo incompatible con una educación genuina, ni siquiera aplica a la elaboración de un libro. Así lo plantea Papert:

> Para mí escribir significa crear un borrador y pulirlo, durante un período de tiempo considerable. Mi imagen de mí mismo como escritor incluye la expectativa de un primer borrador "inaceptable", que se desarrollará con ediciones sucesivas, hasta alcanzar una forma

---

[31] Kiyosaki, R. (2013). *Segunda Oportunidad*. Debolsillo. p. 330

presentable. Pero no podría permitirme esta imagen si fuera un estudiante de tercer grado. El acto físico de escribir sería lento y laborioso. No tendría secretaria. Para la mayoría de los niños reescribir un texto es tan laborioso que el primer borrador es la copia final, y nunca se adquiere la habilidad de releer con ojo crítico. Esto cambia drásticamente cuando los niños tienen acceso a computadoras capaces de manipular texto. El primer borrador se compone en el teclado. Las correcciones se hacen fácilmente. La copia actualizada siempre está limpia y ordenada. He visto a un niño pasar del rechazo total a la escritura, a una participación intensa (acompañada de un rápido cambio de calidad), a las pocas semanas de comenzar a escribir con una computadora. Se ven cambios aún más dramáticos cuando el niño tiene impedimentos físicos que hacen que escribir a mano sea más difícil o incluso imposible.[32]

Cuando un mira la tensión puesta en niños que son obligados a dejar de aprender para ser enseñados, uno comienza a entender cuán abusivo es diagnosticarlos con patología ficticias, que encubren la impericia detrás de teorías mediocres del aprendizaje, y eximen de responsabilidad a los adultos que causan estas perturbaciones. Papert nos propone una forma sensata de mirar el error:

...muchos niños se retrasan en su aprendizaje porque tienen un modelo de aprendizaje en el que "lo tienes" o "lo tienes mal". Pero cuando aprendes a programar una computadora, casi nunca lo haces bien la primera vez. Aprender a ser un programador maestro es aprender a ser altamente hábil para aislar y corregir "errores", las partes que impiden que el programa funcione. La pregunta que hay que hacer sobre el programa no es si está bien o mal,

---

[32] Papert, Seymour. (1980). *Mindstorms*. Basic Books. p. 32

sino si es reparable. Si esta forma de ver los productos intelectuales se generalizara a la forma en que la cultura más grande piensa sobre el conocimiento y su adquisición, todos estaríamos menos intimidados por nuestros temores a equivocarnos. Esta influencia potencial de la computadora para cambiar nuestra noción de una versión en blanco y negro de nuestros éxitos y fracasos es un ejemplo del uso de la computadora como un "objeto con el que pensar". Evidentemente, no es necesario trabajar con computadoras para adquirir buenas estrategias de aprendizaje. Seguramente las estrategias de "depuración" fueron desarrolladas por estudiantes exitosos mucho antes de que existieran las computadoras. Pero pensar en aprender por analogía con el desarrollo de un programa es una forma poderosa y accesible de comenzar a ser más articulado acerca de las estrategias de depuración y más deliberado sobre cómo mejorarlas.[33]

Fuera del contexto sintético escolar, en el mundo de la realidad, solemos tener muchas oportunidades de volver atrás y revisar errores, para hacer correcciones y mejorar resultados. Puede tratarse de errores de cálculo, de escritura, errores ortográficos, etc. De hecho, este libro ha pasado por cantidad de revisiones insufribles, y con cada revisión ha mejorado sustancialmente la edición. Tal vez muchos no tienen idea de cuánta revisión y corrección requiere el proceso de escribir un libro. Lo mismo aplica al arte, la ciencia, los deportes, en fin, la vida. Solo a la escuela se le ocurre que tienes que tener la respuesta correcto desde el primer intento. Solo a la escuela se le ocurre que tienes una sola oportunidad de dar con la respuesta certera a preguntas que por lo general el estudiante no se ha formulado. Si te surge la respuesta correcta segundos después de esa única oportunidad, a la escuela no le interesa. Fuera del

---

[33] Papert, Seymour. (1980). Mindstorms. Basic Books. p. 24

mundo artificial de la de esta institución arcaica, solemos tener la posibilidad de revisar y corregir nuestros errores, en una nueva unidad de tiempo. En cambio en las escuelas, o das la respuesta correcta ahora o una fuerza externa decreta un fracaso.

Educar en el hogar permite que los errores se confronten, se corrijan, se aprenda, y se conviertan en F de «fortaleza».

LOS NIÑOS QUIEREN APRENDER

El escritor y crítico cultural, Daniel Quinn, nos da una idea de lo que le habría pasado a la humanidad si no naciéramos con el impulso por aprender:

> Si alguna vez hubiera existido una cepa de humanos cuyos hijos no hubiesen portado el impulso intrínseco por aprender, hace mucho que hubieran desaparecido, porque no podrían ser portadores de cultura.[34]

Comentando sobre sus experiencias estudiando el aprendizaje de los niños, Quinn, autor de la novela Ishmael, llega a unas conclusiones que te pueden ayudar a entender por qué no debes ponerte presión en seguir una educación formal durante los primeros años de tu hijo. Así lo explica Quinn:

> Trabajando con los programas de kínder y primer grado, observé algo que pensé que era realmente asombroso. En estos grados, los niños pasan la mayor parte de su tiempo aprendiendo cosas que nadie en nuestra cultura podría evitar aprender. Por ejemplo, aprenden los nombres de los colores primarios. ¡Wow! Imagínate que faltaran a la escuela el día en que se está aprendiendo el color azul. Pasarían el resto de sus vidas preguntándose de qué color es el cielo. Pero en la escuela aprenden a decir la hora, a contar, a sumar y a restar, como si alguien pudiera dejar

---

[34] https://www.ishmael.org/daniel-quinn/essays/schooling-the-hidden-agenda/

de aprender estas cosas en esta cultura.[35]

Imagínate si a los niños no les interrumpiéramos el vuelo y, contrario a ello, se les ayudara genuinamente a saciar el hambre de aprender que los anima. En estos tiempos el *homeschooling* cuenta con más recursos que nunca para ello. Es una pena que esta experiencia que se tiene cuando los niños aprenden sin escuela no sea la norma aún, porque como bien plante John Holt:

> En el momento de poner por primera vez los pies en el edificio escolar, casi todos los niños son más listos, más curiosos, menos asustados ante lo que desconocen, mejores en deducir y averiguar cosas, más seguros, llenos de recursos, tenaces e independientes de lo que volverán a ser durante toda su permanencia en la escuela.[36]

En ese sentido es un error pensar que hay que motivar a los niños a que aprendan. Valerie Fitzenreiter, autora de *The Unprocessed Child: Living Without School*, señala lo siguiente en cuanto a motivación:

> No hay que motivar a un niño para que aprenda, de hecho, el aprendizaje no se puede detener. Un niño se centrará en el mundo que le rodea y va a desear entenderlo. Va a querer saber por qué las cosas son como son. No tendremos que decirle que sea curioso. Simplemente será curioso. No tiene ningún deseo de ser ignorante sino de saberlo todo.[37]

La motivación que espera la escuela de los niños no tiene que ver con aprendizaje, cosa que han venido haciendo a partir de una motivación propia, antes de ser ingresados a la escuela. Cuando la escuela habla de la necesidad de motivar a los niños se

---

[35] https://www.ishmael.org/daniel-quinn/essays/schooling-the-hidden-agenda/
[36] Holt, John. (1977) *El fracaso de la escuela*. Alianza Editorial. pp. 22-23
[37] Fitzenreiter, Valerie. (2003). The Unprocessed Child: Living Without School. Unbounded Publicatios. p. 233

refiere al deseo de verlos adaptarse a la vida escolar. De protagonistas de su proceso de aprendizaje que fueron antes de la escuela, se les relega a un rol pasivo.

Súmale que de necesitar dicho conocimiento en un futuro lo tienen disponible de manera inmediata mediante el Internet. Seguramente con una disposición por aprender dichos contenidos que en el momento en que se les pretende enseñar seguramente no posean ni tengan por qué querer aprender. Incluso se aprende sin su atención desviada hacia una nota. La educación en el hogar puede conservar el fuego original del amor por aprender y animar un aprendizaje óptimo.

LA ESCOBA Y EL RECOGEDOR

Nuestros hijos ayudan con las tareas del hogar. De pequeños, cuando nos veían limpiando la casa y manifestaban deseos de contribuir con la limpieza, sus «ayudas» eran bienvenidas. A veces con la escoba regaban el polvo que ya habíamos recogido con el recogedor. Hacían más reguero que limpieza. Pero nunca le rechazamos la contribución.

Varios aprendizajes se dieron con estas experiencias. Uno fue el aceptar su ayuda como un esfuerzo voluntario por contribuir a la causa de la familia, por entrar en intercambio con nosotros. De esta manera fortalecíamos el sentido de pertenencia a la familia. Otro aprendizaje era el respeto nuestro hacia la iniciativa y el esfuerzo de ellos por aprender y desear ayudar, a fuerza de cometer errores —como pasó las primeras veces que intentaron barrer—. Ese acto de autodeterminismo y perseverancia, ese gesto de buena voluntad espontáneo, de sentido de pertenencia y de impulso intuitivo por contribuir a la causa de la familia, les llevó, gradualmente, al dominio de la escoba y el recogedor. Eso eventualmente los llevó a crear un sentido de orden en sus respectivos espacios. Importante esto pues luego, alcanzar la juventud, sueñan con cambiar al mundo y ponerlo en orden, cuando no son capaces de mantener su cuarto en orden.

Cuando a los niños se les impide ayudar, «porque no saben», se les impide también contribuir. Se sienten mal porque no se les permite devolver generosidad con generosidad. Era precisamente lo que nos decían aquellos gestos de echar mano a un palo de escoba que les costaba manejar.

Una persona que no puede ayudar se anula. Cuando uno siente que alguien le ha dado mucho necesita dar de vuelta. Si no puede se siente mal —a menos que no sienta vergüenza en aprovecharse de los demás, cosa que no suele pasar con los niños.

Si uno le niega la posibilidad de sentir que aportan esto les abruma. Luego crecen y nos preguntamos cómo pueden ser tan vagos y no ayudar. Hay que obligarlos. Al no permitir que ejerzan el autodeterminismo y hagan su pequeña y accidentada contribución, me parece que generamos una cultura de ocio que luego lamentamos. Luego nos preguntamos por qué no ayudan.

Moraleja: permite que contribuyan como puedan, antes que la escoba y el recogedor se extinga a causa del Roomba[38].

CRIANZA Y EDUCACIÓN

En la actualidad un *Smartphone* es una llave que abre la puerta a un mundo de conocimientos cuya vastedad convierte a la escuela en un planeta enano, ante un universo de dimensiones que crece *ad infinitum*, de forma exponencial, y a una velocidad vertiginosa e incontenible. Es una supercomputadora que pone ese universo cada vez más vasto de conocimientos, a la disposición de cada uno de nuestros hijos. A su vez cada uno de nuestros hijos es un nativo digital.

---

[38] Roomba es un aspirador robótico fabricado y vendido por iRobot.

Se identifica como nativo digital a todas aquellas personas que han nacido en la era digital, tras el *boom* de las nuevas tecnologías. A todos aquellos que como yo nacieron anteriormente y se han tenido que ir adaptando a las nuevas tecnologías, se nos identifica como inmigrantes digitales. La escuela pugna entre adaptarse a estos tiempos y forzar su anacronismo sobre los nativos digitales.

Por ejemplo, aun cuando hoy un estudiante puede tomar una foto a lo que está copiado en una pizarra, no es raro que sean obligados a copiar a la libreta. Incluso el maestro puede borrar antes de que se termine de copiar. La intención puede ser que ejerciten la escritura pero es una forma de desalentarla. El que escribe debe tener una razón propia para comunicarse por medio de la escritura. El nativo digital, que no pudo tomar una foto instantánea, tampoco pudo copiar, pero seguramente con lo que copió y recuerda, si verdaderamente le interesa el tema, puede obtener la información por Internet. La escuela, que resiste esta nueva realidad, asume una actitud de ludita[39], ante el hecho de que ha sido superada por la tecnología. Mientras tanto, hay alguno que otro maestro joven que prepara contenidos de sus materias y luego los sube a YouTube, para beneficio de sus estudiantes. Lo cierto es que el mundo actual es un mundo dinámico, veloz y fluido, que a diferencia de la inercia y estancamiento de la escuela, armoniza con el dinamismo y la energía de los niños y jóvenes, hijos de su tiempo.

Para comprender lo distante que dejó la tecnología a la escuela hay que entender en dónde se encuentra dicha tecnología y el mundo actualmente. Así lo describe Nicco Mele, experto en

---

[39] La palabra ludismo hace referencia a un movimiento popular surgido en la Inglaterra de inicios del siglo XIX, encabezado por artesanos que protestaban contra el uso creciente de máquinas en el proceso productivo…por considerar que su utilización destruía empleos y deterioraba las condiciones laborales. En concreto, el término "ludita" se deriva del nombre de Ned Ludd, un joven trabajador inglés (cuyo nombre posiblemente fuera un seudónimo) que habría roto dos tejedoras mecánicas en 1779, décadas antes de que el movimiento ludita tomara fuerza. https://pandorafms.com/blog/es/que-es-ludismo/

tecnología, en su libro *The End of Big*.

Siete mil millones de almas habitan la Tierra y hay más de cinco mil millones de teléfonos móviles activos, y sigue aumentando. Cuando combinas la computadora personal, el Internet y el teléfono móvil, tienes las condiciones técnicas para nuestra conectividad radical actual. Cualquier persona en cualquier lugar puede llegar a cualquier otra persona en cualquier momento prácticamente sin costo alguno, y compartir con ellos casi cualquier cosa, desde el poema que acaban de escribir hasta un video en vivo.[40]

La escuela está obsoleta. Tal como está planteada, no tiene manera de ser una opción que supere una educación sin escuela que aproveche al máximo la tecnología como fuente de conocimientos. Es una fuente que ya supera la oferta de la escuela por años luz. A su vez con la educación en el hogar dicha tecnología tiene la posibilidad de enmarcarse en un retorno a la naturaleza del impulso de los niños por aprender, pero no como la escuela pretende enseñar. Yvonne Laborda, autora del libro Dar Voz al Niño, nos da un ejemplo de cómo la escuela no enseña como lo niños aprenden:

La escuela nos hace tener la impresión de que hay muchos conocimientos desconectados de su utilidad. Se enseñan las cosas fuera de contexto. No viviendo la vida si no fuera de ella.[41]

Contrasta con las posibilidades de una educación en el hogar que se aparta de dicha práctica. Sin necesidad de una base filosófica compleja ni de lecturas teóricas que compliquen el camino, puedes dar el espacio para que tu hijo conecte con un aprendizaje práctico y profundo, en lugar de una enseñanza forzada, frustrada, en el vacío. Puedes promover un aprendizaje

---

[40] Mele, Nico. (2014) *The End of Big*. Picador. p. 26
[41] https://yvonnelaborda.com/que-es-y-como-funciona-el-unschooling/

digno y con contexto, que apele al niño que asume un rol activo y protagónico en su proceso educativo genuino.

La imposición de un rol de recipiente inerte a seres por naturaleza dinámicos y motivados a aprender, es contraintuitivo y contraproducente. En su libro *Free Range Learning*, Laura Grace Weldon comenta sobre niños y jóvenes de otros tiempos que podían contribuir voluntariamente a su comunidad en pasadas culturas. No se daba el exceso de intromisión de los adultos en asuntos de la niñez que compete a los niños, desde el ejercicio de sus facultades de autoaprendizaje y en aras de un desarrollo pleno. Así lo explica la autora:

> La infancia en las culturas que nos han antecedido generalmente quedaba en manos de los niños. Trabajaban, jugaban y aprendían, sin la atención intensa del adulto. A medida que maduraban, sus contribuciones se hacían cada vez más necesarias.[42]

A continuación, Weldon nos da una descripción de un problema que confrontamos en la actualidad con la forma en que criamos y educamos:

> En momentos en que los jóvenes están estableciendo una identidad, se les niega un papel real en sus familias y comunidades. Sus esfuerzos no son necesarios como lo eran en la granja o en la tienda. De hecho, muchos niños no ayudan a diario en el hogar, ni siquiera una vez a la semana, porque los padres no esperan que manejen tareas del hogar. ¿Por qué? Algunos piensan que sus hijos tienen demasiadas limitaciones de tiempo debido a la educación, al deporte, a las lecciones de música y a la socialización. Algunos se sienten culpables si esperan que un niño o un adolescente asuma tareas domésticas. Y

---

[42] Weldon, Laura Grace. (2010) *Free Range Learning: Homeschool Changes Everything.* Hohm Press. p. 53

a muchos padres les resulta más fácil hacer el trabajo ellos mismos, sin reconocer que sus hijos pueden hacer contribuciones reales al hogar mientras aprenden a cocinar, a realizar reparaciones, a limpiar, a lavar la ropa, a fregar y a hacer otras tareas que luego serán esenciales para una vida adulta independiente.[43]

¿Recuerdan que hablamos de la escoba y el recogedor? Creo que la observación de Weldon ayuda a entender la magnitud e importancia de aceptar las contribuciones de nuestros hijos, sobre todo cuando es voluntario y se trata de un reflejo de su buena voluntad. Necesitan saber que contribuyen al bienestar de su familia. Así no tendremos que quejarnos de una generación que cree merecerse todo a cambio de nada. Es un aprendizaje crucial.

Una mamá tenía que poner la mesa porque venía visita. Su hija de cuatro años venía de la cocina con un plato que le cubría el rostro, casi hasta las rodillas. Parecía un plato con patas. La madre corrió despavorida[44] hacia la niña, le arrebató el plato y la regañó. Le advirtió que no volviera a tocar la vajilla. Era una vajilla costosa y de romperse una de sus piezas no habían reemplazos. Pasaron los años y un día la madre se hallaba impaciente, moviéndose a toda prisa. Ponía la misma vajilla sobre la mesa pero esta vez la visita estaba por llegar. La hija, que ahora tenía dieciocho años, bajaba de su cuarto y se disponía a salir de su casa con unas amigas. La madre le imploró que antes de irse le ayudara a colocar la vajilla sobre la mesa. La hija le respondió que no podía. Con sarcasmo le recordó que no podía a ayudarla a poner sobre la mesa una vajilla tan costosa, que de romperse una de sus piezas no habían reemplazos.

Weldon afirma que todo niño aprende mediante la

---

[43] Weldon, Laura Grace. (2010) *Free Range Learning: Homeschool Changes Everything*. Hohm Press. p. 54
[44] Despavorido: Muerto de miedo.

observación y trabajando junto a jóvenes mayores que ellos y con adultos. Así lo plantea la autora y madre educadora en el hogar:

> Quieren adquirir habilidades útiles. Eso es así porque ser necesitados es un impulso humano, saber que los esfuerzos de uno son importantes. Cuando un niño en edad preescolar pide ayudar en la cocina, no quiere jugar con un *set* de cocina de juguete, quiere participar en el trabajo del mundo real que ve que tiene lugar. Le cuesta a una madre más tiempo poner a mano un taburete para su hijo y permitirle cortar champiñones frescos con un cuchillo de mantequilla (y es necesario restringirse para evitar criticar o volver a cortar los trozos de vegetales resultantes), pero el niño reconoce que está contribuyendo a hacer la cena. Cuando una niña quiere ayudar a lavar el auto, no está satisfecha con que en lugar de que le acepten la ayuda la manden a jugar en el arenero. Prefiere que se le asignen tareas, como mezclar el jabón en el balde, enjuagar las puertas y hacer brillar los camones.[45]

Es así como la crianza y la educación, la vida y el aprendizaje, no sólo no se divorcian sino que se asumen como una sola cosa. No hay nadie más apto que los padres para criar y educar a sus hijos. Así fue por mucho tiempo y con éxito.

NO LE QUITES LAS GANAS DE APRENDER PARA IMPONER TUS GANAS DE ENSEÑAR

En la escuela se tiende a confundir enseñar con aprender. Tony Wagner, en su libro, *Most Likely to Succeed*, lo explica de la siguiente manera:

---

[45] Weldon, Laura Grace. (2010) *Free Range Learning: Homeschool Changes Everything.* Hohm Press. p. 54

A menudo preguntamos a los educadores: «¿Crees que tu propósito es enseñar a los estudiantes o ayudarlos a aprender?» Nos gusta preguntar esto, aun cuando (o tal vez debido a que) recibimos miradas de desconcierto. La mayoría de los educadores piensan que «enseñar» y «ayudar a los estudiantes a aprender» son sinónimos. Pero... a menudo son mundos separados. **Hoy en día casi todo el «aprendizaje» realizado por los estudiantes en nuestras escuelas es más un mito que una realidad. Se trata de memorización a corto plazo, con una modesta retención en el mejor de los casos.**[46]

Joi Ito director del *MIT Media Lab*, plantea la distinción entre educación y aprendizaje como sigue:

> ... para mí la educación es lo que las personas te hacen y el aprendizaje es lo que te haces a ti mismo. Y en cuanto a una educación, la pregunta usual es, "¿Completaste tu educación?" "Sí, obtuve un título. Ya terminé." Bueno, no me refiero a eso. Eso es bastante inútil. Lo que quieres hacer es aprender cómo aprender y seguir aprendiendo. [...] mucho de lo que se considera educación tiene que ver con obtener un título. De modo que cuando los estudiantes de primer año de doctorado van al laboratorio de medios, a menudo les propongo que imaginen que al final de sus estudios se les despoja de su título [...] Quiero que puedan mirar hacia atrás y decir que todavía valió la pena. No quiero que estés en el laboratorio de medios loco por irte [...] creo que el enfoque debe estar en el aprendizaje, no en la educación.[47]

---

[46] Énfasis del autor.
Wagner, Tony. Dintersmith, Ted. (2016). *Most Likely to Succeed*. Scribner pp. 157-158
[47] https://www.youtube.com/watch?v=CkMS03WSz9I&t=1006s

El tipo de «socialización» o «educación» que persiste hoy fue repudiado por Albert Einstein. Einstein reconocía que la escuela misma desalienta el hambre de aprender con que nacen los niños. Así parecen confirmarlo las siguientes declaraciones:

> ... Debemos tener realmente por un milagro el que los métodos modernos de enseñanza no hayan sofocado aun del todo la curiosidad investigadora, ya que este germen delicado necesita no sólo estímulo, sino sobre todo libertad. Sin ella no puede sustraerse a la propia destrucción y desaparición. Pensar que el placer de la contemplación y la búsqueda puedan ser favorecidos mediante la coerción y el sentido del deber, no es más que un error de grueso calibre. Por el contrario, estoy convencido de la posibilidad de anular la voracidad del predador más fiero y saludable, si pudiéramos obligarle, con la ayuda de un látigo, a devorar continuamente, aun sin hambre; y, sobre todo, si la comida suministrada bajo tal coacción había sido escogida de modo apropiado.[48]

Imagínate hacer que una bestia voraz pierda el apetito porque se le obliga a comer. Uno puede servir comida, no quiere decir que la gente coma. Uno puede hablarle a un grupo grande o pequeño de estudiantes, puede que estés enseñando pero no necesariamente están aprendiendo. No debemos confundir enseñar con aprender.

Al educar en el hogar la dinámica del aprendizaje tiende a cambiar de manera radical. Sin embargo este cambio, más que radical, es una rectificación de un desvío radical, extremo, del camino auténtico hacia el aprendizaje. Una maestra puede pasarse la vida frente a grupos de niños obligados a escuchar. Estos niños han sido forzados a un desgarramiento del aprendizaje activo y autodirigido que tanta habilidad les ayudó a desarrollar antes de ingresar a la escuela, para justificar el

---

[48] http://www.homeschoolingspain.com/2012/04/citas-de-albert-einstein-sobre.html

sistema educativo. La escuela los ha convertido en miembros de una audiencia pasiva y cautiva, al servicio de un maestro explicador.[49]

Sin embargo, de acuerdo con Sandra Dodd, una referencia de las más destacadas y respetadas entre educadores en el hogar que optan por el unschooling, una persona puede estar inspirada enseñando y si la audiencia no le interesa porque su atención está puesta en otro asunto, del que quieren saber o aprender, la persona simplemente está repasando para sí misma su propio conocimiento. En otras palabras, predica en el desierto y termina frustrada, decepcionada, creyendo que el problema es la audiencia, que es una audiencia desconsiderada, irrespetuosa y malagradecida, que se supone atiendan. Sandra Dodd, autora de *Big Book of Unschooling,* explica su visión sobre el aprendizaje de sus hijos:

> Ellos aprenden. Les ayudé a aprender. Fui «la maestra» pero no fui yo quien realizó el trabajo que resultó en aprendizaje. El alumno hizo eso en su propia cabeza. Puedo proponer ideas al aire, pero sólo el que realiza el aprendizaje puede escuchar y procesar y formular más preguntas. Sin su trabajo activo, ninguna enseñanza puede tener lugar.[50]

De acuerdo con Sandra Dodd, es importante entender que

> enseñar no es algo que le hagas a otra persona. Más bien, aprender es algo con lo que podrías, si tienes suerte, ayudar.[51]

El aprendizaje es un proceso distinto de la enseñanza. La idea es facilitar el aprendizaje. Una experiencia fructífera se da cuando la intervención de quien enseña se limita a asistir justo en lo necesario.

---

[49] Frase utilizada por el filósofo francés Jacques Rancière en su libro: El Maestro Ignorante.
[50] https://sandradodd.com/teaching/
[51] https://sandradodd.com/teaching/

El aprendizaje sin escuela es un aprendizaje mucho más abarcador que la enseñanza que proveen las escuelas. Estas se ven limitadas por sus estrechos parámetros, criterios que se consideran importantes, imprescindibles y orientativos, desde el que se examina lo que consideramos educación. Con la educación en el hogar se puede cubrir, a conveniencia del que aprende, aquello que dentro de los parámetros de la escuela merezca atención. Mas a eso se le suma un universo de aprendizajes que la escuela es incapaz de identificar y registrar. Estos aprendizajes que la escuela es incapaz de identificar, mucho menos respaldar, pueden ser claves para quien aprende y emprende desde dichos aprendizajes. Esto se vuelve un imperativo en estos tiempos en que la economía y la vida ha sido forzada una aceleración abrupta, mediante la revolución de la tecnología y el colapso de la infraestructura comercial mundial.

Si esto de por sí representa una educación que honra al que aprende, en estos tiempos se vuelve imprescindible, inaplazable. No hacerlo porque damos prioridad a la sobrevivencia de una institución que a la sobrevivencia de los niños, es un acto temerario en contra de la humanidad y en contra del presente y futuro de los niños. Es por esto que lo último que debe hacer la escuela es oponerse a que los padres ejerciten su derecho constitucional a escoger la mejor educación posible para sus hijos.

Sobre ello Joel Turtel, en su libro, *Public Schools, Public Menace*, advierte lo siguiente:

> Pedirle a un padre que mantenga a su hijo en la escuela pública cuando tiene la oportunidad de darle a su hijo una mejor educación […] es absurdo e inmoral. Es como pedirle a un padre que le diga a su hijo que no escape de una prisión o de un campo de concentración porque eso le causaría disgusto al alcaide. La primera prioridad de los padres es proteger a sus hijos y darles la mejor

oportunidad posible en la vida, no preocuparse por un sistema escolar público podrido. Los padres y sus hijos no son animales de sacrificio. ¿Por qué un padre debería preocuparse más por proteger los trabajos de los empleados de escuelas públicas que por el bienestar de su hijo?[52]

En esta ecuación la prioridad la tienen los niños. No pueden seguir al servicio de una institución que se supone esté al servicio de ellos. Por tanto, cambiar el curso y que el que aprende se vuelva el eje del esfuerzo en favor del aprendizaje y la enseñanza, como ocurre con la educación en el hogar, va a incrementar, de forma dramática, las posibilidades de realización plena de nuestros hijos, en medio del mundo que les ha tocado vivir.

Los niños prosperarán si sus necesidades se satisfacen mientras exploran el mundo. Apoya creativamente a tu hijo en lo que realmente le interesa.

La resistencia a ser obligados a someterse al consumo de enseñanzas, a una generación de niños y de jóvenes que cuentan con la posibilidad de acceder, cuando gusten, al mismo conocimiento que se le pretende imponer, (y mucho más) es de esperarse. Te recomiendo no lo trates como una ofensa, tampoco como un gesto de ingratitud. Se trata de otra piedra en la mochila de nuestra escolarización y no tiene que ver con el aprendizaje genuino.

Los niños escolarizados contemporáneos se preparan en la escuela para aprender a ser empleados, engranajes de una maquinaria, mientras el mercado reduce marcadamente su necesidad de empleados. Los jóvenes educados sin escuela tienen la posibilidad de aprender a desarrollar, mediante una experiencia que les permite asumir libertad y responsabilidad,

---

[52] Turtel, Joel. (2004). Public school, Public Menace. Liberty Book New York. p. 232

sus habilidades e inteligencia. Es importante que sean capaces de desarrollar sus propias empresas, sus propios proyectos de vida, de convertirse en ejes imprescindibles, en lugar de engranajes redundantes.

Considera lo que propone Gustavo Esteva, abogado mexicano y fundador de la Universidad de la Tierra en la ciudad mexicana de Oaxaca:

> Pensemos en esta realidad atroz: decimos que el sistema educativo es para preparar a la gente para la vida y el trabajo, pero al hacerlo los sacamos justamente de ahí. Los «protegemos» dentro de una burbuja aislada. A los niños se les dice: no, tú no tienes que ocuparte de los trabajos de la casa, porque tienes que estar en la escuela. Estamos sacándolos todo el tiempo de las condiciones reales de la vida, de las obligaciones con la sociedad, para que aprendan, para que se preparen. Y el resultado es que los muchachos se gradúan, pero no están preparados para la vida y el trabajo porque se les ha sustraído del mundo real. Ahora sabemos que, poco a poco, esos graduados tienen menos posibilidades de encontrar empleo en el campo que estudiaron; tenemos a gente con su flamante título manejando un taxi o haciendo tacos porque no hay empleo para ellos. Eso que estamos produciendo está cada vez más alejado de las necesidades reales de la sociedad.[53]

La experiencia de la educación en el hogar se enmarca dentro de un concepto mucho más vasto y fluido de socialización y aprendizaje que prepara para la vida, sin divorciar el aprendizaje de la vida. Con la educación en el hogar se suele dar un manifestación y constancia de la motivación intrínseca del

---

[53] http://comunizar.com.ar/la-divergencia-freire-e-illich-una-conversacion-gustavo-esteva/

aprendizaje espontáneo de los niños. No hay porqué quitar las ganas de aprender. Ellos mismos nos alimentarán las ganas de enseñar, si respetamos el principio fundamental del acuerdo a ser enseñados. Para ellos nuestra propuesta tiene que hacerles sentido, igual que para nosotros los adultos nos tiene que hacer sentido alguna propuesta que se nos presenta. Igual que los niños, tendemos a rechazar imposiciones arbitrarias que no nos hacen sentido. Me parece que los niños son muy lógicos, si permitimos que lo sean.

PADRES RICOS, PADRES POBRES: NIÑOS AFORTUNADOS

Para ser exitoso con el *homeschooling* tu condición económica no es un factor determinante. Para quien desee investigar más sobre la posibilidad de que prácticamente cualquier padre tenga éxito educando a sus hijos en el hogar, no importa su condición económica o académica, pueden revisar los trabajos del doctor Brian D. Ray[54], quien por 30 años ha estado documentando la experiencia de la educación en el hogar.

Otro factor evidente en los hallazgos del Dr. Ray es que no importa el nivel académico ni el estatus económico de los padres para que el *homeschooling* sea un éxito. Mucho tiene que ver con el hecho de que los niños nacen con un impulso propio por aprender.

No importa si tienes poco dinero en los bolsillos o si gozas de libertad financiera, al educar en el hogar tienes la posibilidad de que tus hijos reciban una educación de excelencia. Hay muchos recursos gratis en el Internet. El libro *Homeschool Your Child For Free*[55], de LauraMaery Gold y Joan M. Zielinski, provee sobre 1200 recursos gratuitos.

Por otro lado y en dirección opuesta a las condiciones que llevan a uno a buscar recursos gratis, tus hijos pueden aprender sobre finanzas y sobre cómo desarrollar un negocio, con base en crear productos o servicios de valor. Que aprendan a utilizar las herramientas de mercadeo digital y a ser gestores de sus ingreso, en lugar de empleados a sueldo, es una forma de apoyar sus habilidades y talentos, y de proveerle los recursos imprescindibles para enfrentar los retos de estos tiempos. Con la educación

---

[54] Artículos del Dr. Brian D. Ray en la página *National Home Education Research Institute*. https://www.nheri.org/page/20/?s=brian+d.+ray.
[55] https://www.amazon.com/-/es/LauraMaery-Gold/dp/0307451631/ref=sr_1_2?crid=1TRZ9OZB8VS8I&keywords=homeschool+your+child+for+free&qid=1650402548&sprefix=homeschool+your+child+%2Caps%2C432&sr=8-2

deberíamos ser capaces de alcanzar un estado de libertad personal y de responsabilidad fiscal a la vez. Criar hijos que rompan con el círculo de la dependencia y que a su vez sean sensibles y solidarios con su prójimo es un bello regalo a la humanidad.

Entender esto es bien importante porque la escuela prepara a los niños para ser empleados y vivir de cheque en cheque. El *homeschooling* nos abre la puerta para enseñarle a nuestros hijos a ser independientes y a la vez solidarios. Pero la solidaridad es un acto voluntario. Cuando pretende forzarse no es solidaridad genuina.

La educación en el hogar potencia la transformación de una mentalidad escolar consumista que lleva a los niños a reducir sus aspiraciones a los límites de lo promedio, a soñar a medias y a conformarse con un por ciento de rendimiento mucho más bajo de lo que es en verdad capaz de alcanzar. La educación en el hogar puede llevar a rebasar los límites que imponen los parámetros de la escolarización.

La escuela premia el esfuerzo promedio, castiga al que pretende ir a su propio ritmo, trátese de un ritmo más acelerado o más lento que el promedio. Esta mentalidad que celebra la mediocridad como meta de la equidad demoniza el espíritu empresarial y atropella al lento en entendimiento de sus contenidos. Frena al que puede adelantarse y estigmatiza al que se queda atrás. No parece poder realizar una introspección de sus faltas ni de poder superar la práctica de imputar a los niños con deficiencia irreales, y así evadir la responsabilidad que le corresponde de reconocer errores que recaen en adultos, más cuando se trata de profesionales. Con ello se minan las facultades de autogestión, de libertad y de responsabilidad personal. El resultado se va a dejar sentir en la improbabilidad de poder desarrollar una ética fiscal, que pudiera evitar espirales descendentes, tanto en lo cultural como en lo económico. Esto se da como resultado de la ignorancia y de fiarnos en lo que Iván

Illich describe como profesionales inhabilitantes[56]. Son lecciones que tal vez podamos aprender junto a nuestros hijos.

EL DINOSAURIO QUE NO ADMITE DINOSAURIO

John Holt describe la actitud de la escuela ante lo que puedan sentir los niños. Según Holt este es el mensaje de la escuela a los niños:

> Tus experiencias, preocupaciones, curiosidades, necesidades…, lo que sabes, deseas, te preguntas, esperas, temes, te gusta o te disgusta, para lo que sirves y para lo que no, todo esto no tiene la más mínima importancia, no cuenta para nada. Lo que importa aquí, lo único que importa, es lo que nosotros sabemos, lo que consideramos importante, lo que queremos que hagas, pienses y seas.[57]

Al educar en el hogar, las experiencias de tu hijo, sus preocupaciones, sus curiosidades, sus necesidades, lo que sabe y desea, lo que se pregunta, espera, teme, le gusta o le disgusta, se vuelven el centro mismo de su experiencia de aprendizaje. Los niños tienen el impulso por girar en torno a su propio eje. Lo saben muchos maestros y hacen lo imposible por partir de ese entendimiento, pero están limitados por el sistema escolar.

Un niño educado en el hogar, al que le apasiona el tema de dinosaurios, muy bien puede dedicarle todo el tiempo que guste a investigar, a leer, a ver documentales en torno a dinosaurios, a aprender gramática a través del dinosaurio y sus libros, a conocer sobre el tema que le apasiona y hacer gala de sus conocimientos, ya sea compartiendo con entusiasmo con sus padres,

---

[56] Iván Illich: fue un pensador austríaco polifacético y polémico, clasificado como anarquista, autor de una serie de críticas a las instituciones clave del progreso en la cultura moderna. Escribió en 1977 un ensayo titulado Profesiones Inhabilitantes que puede ser leído siguiendo el siguiente enlace:
https://vdocuments.site/profesionesinhabilitantesivan-illichpdf.html

[57] Holt, John. (1977) *El fracaso de la escuela*. Alianza Editorial. p. 24

descubrimientos recientes, o impartiendo una charla apasionada sobre el tema a un grupo de niños *homeschoolers* de diversas edades. Lo más valioso de esta experiencia quizás sea el contexto, el ecosistema exuberante en nutrientes espirituales y cognitivos, intangibles imperceptibles ante a la mirada de las mediciones convencionales, ante las poco fiables pruebas estandarizadas.

En cambio en la escuela, si el mismo niño se apareciera con un libro de dinosaurios, la maestra se vería obligada a pedirle que cerrara el libro porque lo «van a educar». Puede que le aconsejen leer el libro en su casa, en su tiempo libre. Pero si el tiempo que le queda fuera de la escuela se lo invade la escuela con asignaciones. Le sumas el tiempo de comer, bañarse, y acostarse a dormir, y en realidad no le sobra tiempo.

Es un aprendizaje desaprovechado que, habiendo nacido del interés del que aprende, le envía un mensaje contundente: el tiempo de explorar tus intereses, fuente del aprendizaje centrado en ti mismo, queda suspendido. Le resta si acaso, esperar largos años para entonces dedicarse al estudio de los dinosaurios, cuando llegue a la universidad. Su interés, curiosidad y pasión por aprender probablemente sufran la misma suerte que los dinosaurios.

El momento perfecto para aprovechar un interés por aprender por parte de un niño es precisamente cuando la pasión se enciende en él. Ese es el moméntum. Cuando se asoma la intriga. No lo debemos dejar pasar. No debemos dejar sin satisfacer ese brote de curiosidad. Sabotear el impulso natural por aprender, para imponerles el una enseñanza sintética y genérica es un contrasentido. Constituye un desplazamiento de su órbita, sacarlo de su eje, impedir que el aprendizaje gire en torno a sí mismo. Los descarrilamos y se pierden, pierden su centro.

Estamos sacando a los niños de sus quicios y luego imputándoles un desorden en un cerebro seguramente muchísimo más sano que el cerebro de quien lo diagnostica. Se le imputan desórdenes a niños perfectamente sanos que representan nuestra humanidad en su mayor estado de fragilidad e indefensión y en el periodo que más feliz parece ser la humanidad.

Los niños necesitan adultos respetuosos y comprensibles que sepan honrarlos y dejarlos ser. Ese es el mundo al que puedes mudar a tu hijo cuando al optar por educar en el hogar, sanas sus heridas para que pueda crecer con buenas raíces y para que también pueda a echar a volar. Como muy bien afirma Gianni Rodari, autor italiano de cuentos infantiles, en su tratado titulado *La escuela de fantasía*[58]:

> En la educación, lo concreto es el niño: no el proyecto educativo, no el programa escolar, no la técnica didáctica en sí […] En una empresa educativa el programa no debería ser la relación de las cosas que nos proponemos obtener del niño, sino la relación de las que debemos hacer nosotros para ser útiles al niño. Deberíamos elaborar reglas para nuestro comportamiento, no para el de los niños…[59]

Así que no tengas duda en dejar atrás al dinosaurio de sistema educativo. Son ellos los que nos tienen que seguir los pasos. A ver si logran entender cuán recomendable es dejar a los niños interesados en dinosaurios tranquilos y aprendiendo.

HOMESCHOOLING Y EL TIEMPO

El *homeschooling* tiende a ofrecer una enorme flexibilidad en cuanto a la administración del tiempo. Una de las primeras diferencias marcadas que empiezas a notar al principio es el desvanecimiento de la estructura rígida del «orden» escolar del tiempo. La liberación del tiempo le hace mucho bien al aprendizaje y al sentido de libertad. Incluso invita a muchos a quedarse en casa con las pijamas puestas durante el día, mientras

---
[58] Rodari, Gianni (2010) *La escuela de la fantasía*. Editorial Popular. p. 14

disfrutan del aprendizaje.

El orden escolar no responde a cómo aprenden los niños, los seres humanos. De acuerdo con los amigos en la India de la escuela *NEXT School*, responde a los valores arcaicos de la era industrial. En el sitio de Internet *Our Future Leaders*, a través de un video de *NEXT School*, se explican los seis problemas que tienen los sistemas educativos tradicionales actualmente —problemas que puedes superar con el *homeschooling*—. Entre esos problemas se destaca el siguiente:

> Educamos a los niños por lotes y gobernamos sus vidas haciendo sonar timbres. Durante todo el día, los estudiantes no hacen nada más que recibir instrucciones: «siéntense, saquen sus libros, pasen a la página 40, resuelvan el problema número 3, paren de hablar». En la escuela te premian por hacer exactamente lo que se te ordena. Estos son valores de la era industrial que fueron realmente importantes para los trabajadores fábricas. Su éxito dependía de seguir instrucciones y de hacer exactamente lo que se les ordenaba. Pero en el mundo de hoy ¿cuán lejos puedes llegar simplemente siguiendo mis instrucciones? El mundo moderno valora a gente que puede ser creativa, que puede comunicar sus ideas y colaborar con otros. Pero nuestros niños no tienen la oportunidad de desarrollar tales habilidades en un sistema que se basa en los valores de la era industrial.[60]

Al no depender del timbre tu hijo puede dedicarle mayor tiempo de lo que permite un periodo de clase a cualquier tema o actividad. Puede tratarse de un aprendizaje valioso para tu hijo que no se atiende en la escuela. El hecho de que los niños escolarizados no puedan manejar su tiempo los pone en una seria desventaja ante la vida y el mundo actual. Otro de los problemas de la escuela, que identifica el video de *NEXT School* titulado *6 Problems with our School System*, es la falta de autonomía y control por parte de los niños. Así lo plantean:

> En la escuela, nuestros niños experimentan una falta total de autonomía y control. Cada minuto de la vida de un niño está estrictamente controlado por el sistema. Pero en el mundo de hoy, si estás realizando un trabajo importante, entonces estás administrando tu propio tiempo, estás tomando tus propias decisiones con respecto a qué hacer y cuándo hacerlo. Pero la vida en la escuela se ve muy diferente. **El sistema está enviando un mensaje peligroso a nuestros hijos: que no están a cargo de sus vidas. Solo tienen que seguir las instrucciones que se establezcan en lugar de hacerse cargo y aprovechar al máximo sus vidas.**[61] Los expertos creen que la autonomía es increíblemente importante para los niños. No es de extrañar que los niños estén aburridos y desmotivados por la escuela. ¿Te imaginas cómo te sentirías si te dijeran exactamente qué hacer, durante cada minuto de tu vida?[62]

El poder manejar tu tiempo a discreción, desde el ejercicio equilibrado entre libertad y responsabilidad, debe ser una de las mayores dichas que puede uno vivir. Y si en la actualidad posibilita un inserción más efectiva y prometedora en el mundo real del emprendimiento, sobre todo, desde el ejercicio de la autonomía del ser, y la escuela no lo provee pero la educación en

---

[61] Énfasis del autor.
[62] NEXTSchool.org es el sitio web de la primera escuela de la India en abordar un proceso educativo revolucionario que ha recibido una amplia aclamación de líderes y expertos a nivel mundial. Su metodología se centra en la educación personalizada de cada niño. Se enfoca en el aprendizaje en el mundo real y ayuda a los niños a desarrollar habilidades como la creatividad, la colaboración, la comunicación, la planificación y el establecimiento de objetivos. https://www.nextschool.org/.
https://www.youtube.com/watch?v=okpg-lVWLbE

el hogar sí, puedes cerrar el libro y salir a dar de baja a tu hijo de inmediato.

APRENDIZAJE GENUINO

En la escuela las materias están fragmentadas y desconectadas unas de las otras. Pareciera una imitación del modelo de fábrica, donde antes de obtener un producto terminado se deben ensamblar sus partes. Las piezas se van ensamblando hasta culminar en productos hechos idénticos y en serie. Un obrero que se encarga de ensamblar una parte de un todo, no se molesta en ver el producto terminado sino en repetir la monotonía de la parte que le toca ensamblar. El estudiante ve las materias separadas pero no necesariamente ve todas las conexiones que existen entre conocimientos.

El video *NEXT School* que mencionamos anteriormente reconoce como otro de los problemas de la escuela tradicional actual el aprendizaje inauténtico. De ello afirma lo siguiente:

> La mayor parte del aprendizaje que ocurre hoy en la escuela no es auténtico porque se basa en la memorización y el aprendizaje de rutinas. El sistema define un conjunto genérico de conocimientos que todos los niños deben saber, y luego, cada ciertos meses, medimos cuánto se ha retenido al administrar exámenes. Sabemos que dicho aprendizaje no es auténtico porque la mayor parte de este se ha ido el día después del examen. El aprendizaje puede ser mucho más profundo y más auténtico. Puede ser mucho más que sólo memorización y retención. Pero eso es lo único que medimos y los puntajes de los exámenes es lo único que valoramos. Esto ha creado una cultura extremadamente poco saludable para niños, padres y maestros. Los niños atraviesan interminables horas de situaciones, permaneciendo despiertos toda la noche y memorizando hechos inútiles que olvidarán muy pronto.[63]

En cuanto al aprendizaje, como se suele dar en la escuela, John Holt reconoce lo siguiente:

> Independientemente de lo que muestren las pruebas, se aprende muy poco de lo que se enseña en la escuela, se recuerda muy poco de lo que se aprende y se usa muy poco de lo que se recuerda. Las cosas que aprendemos, recordamos y usamos son las cosas que buscamos o encontramos en las partes diarias, serias y no escolares de nuestras vidas.[64]

El aprendizaje genuino, el que permanece y le es valioso al que aprende, se suele dar de manera muy diferente a cómo enseñan las escuelas. La retentiva del estudiante aparenta ser corta y muchos son imputados con una enfermedad de la atención que nunca puede ser probada, y que encubre una falla inaceptable del modelo de enseñanza centrada en la conferencia magisterial. Muy pocos entienden lo que realmente ocurre: los niños suelen tener atención de sobra, pero su atención suele estar en donde debe estar: en aquello que les interesa. Esto lo entiende muy bien Parmeet Shah, fundador y director ejecutivo de NEXT School.

En un video titulado ¿Cómo deberían aprender los niños en las escuelas?, Shah plantea lo siguiente:

> La forma básica de enseñanza es, por supuesto, impartir conferencias. Con la maestra parada frente a la clase los niños aprenden principalmente escuchando y mirando. Los educadores que han reflexionado sobre esto, saben que realmente no se logra más del 20 o 30% de participación bajo esta forma de enseñanza. Y lo que eso realmente significa es que del 70 al 80% de lo que

---

[63] https://www.youtube.com/watch?v=okpg-lVWLbE
[64] Holt, John (2010) How Children Fail. Editorial. Addison-Wesly Publishing Company. p. 232-233

sucede en la mente de los niños no tiene nada que ver con lo que el maestro está enseñando, y realmente muestra lo poco que sabemos sobre el aprendizaje. Porque la idea es: mientras la maestra esté presente y mientras diga estas cosas, los niños están aprendiendo. Pero realmente no funciona así porque no estamos conectados para aprender así.[65]

El aprendizaje genuino, el que permanece y le es valioso al que aprende, se suele dar de manera muy diferente a cómo enseñan las escuelas. Todo puede comenzar con un tema que podemos representar con el tronco de un árbol, cuyas ramificaciones son tan frondosas como indeterminables. Pueden tomar giros inesperados. Después que el árbol y sus ramas crezcan saludables y den fruto, la idea de controlar y manipular el desarrollo y crecimiento no ayuda sino que entorpece el aprendizaje. Puede que las matemáticas se conecten con la historia, con la antropología, con el arte. Puede que el arte inicie un diálogo sobre la ciencia, etc. En el mundo real los conocimientos están interconectados.

La educación en el hogar ayuda a desarrollar una experiencia coherente, en la que todo el conocimiento es bienvenido, tanto lo planificado y necesariamente estándar, como el aprendizaje que se da de manera espontánea, por azar. Cuando esto se da no hay necesidad de convertirlo en una oportunidad de educación formal.

Evita lo que el autor de Desobediencia Civil, Henry David Thoreau, afirma hace la escuela con la educación:

... una zanja recta de un arroyo libre y sinuoso.[66][67]

---

[65] https://www.youtube.com/watch?v=Pvu8rzO_XpY
[66] Sinuoso: Que tiene curvas y ondulaciones irregulares y en distintos sentidos.
[67] https://archive.vcu.edu/english/engweb/transcendentalism/criticism/hdt-edu-mb.html

HOMESCHOOLING: APRENDIENDO EN LIBERTAD

LA EDUCACIÓN EN EL HOGAR NO TIENE POR QUÉ SER ESCUELA EN CASA

Leyendo un libro fascinante sobre educación en el hogar, *The Homeschooling Book of Answers*, de Linda Dobson, un libro estupendo que recoge opiniones de muchas de las voces más respetadas sobre el tema, Susan y Larry Kaseman ofrecen muy buenas razones para no tratar de crear en casa una copia de la escuela. Así lo explican a continuación:

> Hace sentido para el que educa en el hogar usar un currículo distinto al que usa la escuela pública. Los currículos de escuela pública fueron diseñados para el salón de clases, un espacio muy limitado donde numerosos niños de la misma edad se supone aprenden las mismas cosas al mismo tiempo, bajo el mando de una persona mayor que no sabe mucho de ninguno de esos niños. Los currículos han sido diseñados para hacer de alguna manera manejable estas condiciones irreales y artificiales y para asegurarle a los contribuyentes que por parte de la escuela pública están recibiendo algo de valor por su dinero. No están diseñados primordialmente para atender las necesidades primarias de desarrollo de los niños. En contraste los que educan en el hogar tienen a pocos niños de diferentes edades, a uno o más adultos que los conocen muy bien, que los aman y que les pueden ofrecer mucha atención individual, el mundo entero para explorar, y no tienen a ningún contribuyente o administrador a quien mantener contentos.[68]

Es muy común que un *homeschooler*, interesado en un tema que la escuela no atiende, pueda hallar que para pleno dominio de este requiere conocimientos que la escuela pretende que aprenda. Lo más seguro es que en el momento en que la escuela le impone dicha enseñanza al estudiante no le tiene ningún uso.

---

[68] Dobson, Linda (19198). *The Homeschooling Book of Answers*. Prima Publishing. p. 19

No le ve aplicación en su vida personal.

Al ir a su propio ritmo se aprende sin presiones arbitrarias y se puede facilitar el camino hacia lograr un dominio pleno de lo que se estudia. Esto se da porque, entre otras cosas, los errores cometidos se corrigen. Se corrigen hasta lograr dominio práctico, en lugar de vivir aterrados ante la amenaza de un fracaso escolar. Para los chicos que aprenden sin escuela mucho del aprendizaje se da mientras aplica en el mundo real el conocimiento adquirido y al momento. La educación en el hogar permite partir del que aprende como base de un diseño orgánico y personalizado del aprendizaje.

MÁS SOBRE EL TIEMPO

Si la cantidad de tiempo fuera el factor determinante en la educación, con todo el tiempo que pasan los alumnos en la escuela, deberíamos graduar, por legiones, a jóvenes con doctorados, antes de alcanzar sus dieciochos años de edad. En pocos meses Pablo Freire lograba alfabetizar a campesinos en Brasil. ¿Por qué entonces nuestros estudiantes no logran alcanzar metas elevadas, no como excepción sino como regla? El educador y escritor John Holt describe lo hábiles e inteligentes que son los niños, antes de ingresar a la escuela y cómo pierden esa «magia». Holt a continuación explica lo que ha estado ocurriendo a un niño, antes de ingresar a la escuela:

> En ese momento, prestando mucha atención e interactuando con el mundo y la gente a su alrededor, y sin ninguna instrucción formal de tipo escolar, han completado una tarea mucho más difícil, complicada y abstracta que cualquier cosa que se le pida hacer en la escuela, o de lo que ha realizado cualquiera de sus maestros durante años. Ha resuelto el misterio del lenguaje. Lo ha descubierto —los bebés ni siquiera saben que existe el lenguaje— y ha descubierto cómo funciona y ha aprendido a utilizarlo. Lo ha hecho

> mediante la exploración, mediante la experimentación, mediante el desarrollo de su propio modelo de gramática de la lengua, probándolo a ver si funciona, modificándolo poco a poco y refinándolo hasta que lo hace funcionar. Y mientras ha estado haciendo esto, ha estado aprendiendo otras cosas también, incluyendo muchos de los «conceptos» que las escuelas creen que sólo ellas le pueden enseñar, y muchos que son más complicados que los que estas tratarán de enseñarle. [69]

Aunque el desarrollo intelectual es variable, es innegable que la experiencia de una educación personalizada como el *homeschooling*, provee una oportunidad única para desarrollar el máximo potencial de los niños. Si superamos los efectos nocivos de nuestra escolarización podremos superar también el concepto limitado de inteligencia y de las materias académicas que atiende la escuela.

Como muy bien plantea Parmeet Shah, y que se ajusta perfectamente a la experiencia de la educación en el hogar:

> Hoy la gente está aprendiendo muchas cosas por su cuenta, mirando videos de YouTube. Están aprendiendo a cocinar, están aprendiendo nuevos bailes, están aprendiendo nuevos ejercicios, cómo grabar. Todo esto es aprendizaje autodidacta, aprendizaje autónomo. El compromiso y la productividad con este formato es increíblemente alto porque eliges hacerlo y eliges también el momento y el lugar.[70]

La educación en el hogar, potencia la optimización del aprendizaje autodidacta. Como modelo que se ajusta a las particularidades del que aprende y de la familia, la educación en el hogar ciertamente es un modelo único, orgánico y dinámico,

---

[69] Holt, John. (1977). *El fracaso de la escuela.* p.23
[70] https://www.youtube.com/watch?v=Pvu8rzO_XpY

que se vale de elementos estructurales más o menos universales. A su vez es posible moldear sus estructuraciones, tiempo, filosofías, metodologías, de acuerdo con lo que brinda los mejores resultados, más allá de lo meramente académico. Promueve la maduración moral e intelectual de los hijos, dentro de un ecosistema capaz de fortalecerlos en todos esos aspectos. Esto se da mediante un ejercicio del que aprende en un marco dinámico de libertad y responsabilidad.

Uno de los aspectos más valiosos de ese tiempo es que ves a tus hijos crecer a tu lado. No te perdiste tantos momentos importantes que tal vez ni siquiera hubieran sido posibles presenciar. Mas al educar en el hogar formas parte de ellos.

DEFINIR EL *HOMESCHOOLING*

E l *homeschooling* se refiere a que los padres asumen plena responsabilidad por la educación de sus hijos. Los padres la asumen sin necesidad de ser profesionales de la educación así como alimentan a sus hijos sin ser profesionales en nutrición. Del 1970 al 1980 hubo un resurgir del *homeschooling* en Estados Unidos. Actualmente su crecimiento sigue un curso vertiginoso. Mucho más gente frustrada con la escuela se entera de los buenos resultados de esta opción.

Al hablar de *homeschooling*, de *unschooling*, de *deschooling*, la palabra "*schooling*" se emplea como referente para definir una experiencia que no importa a cuál término lo apliques, más o menos implica una experiencia que se desvincula de la cultura escolar. En unas más, como es el caso del *unschooling* y en otras menos, como es el caso del *homeschooling* en Nueva York, donde es altamente regulado.

El *homeschooling* realmente se refiere a una forma de vivir en que el aprendizaje y la vida ocupan un mismo tiempo y un mismo espacio para el que aprende. En algunos casos, sobre todo a principios de la experiencia, se suele usar a la escuela como referente, pero con una flexibilidad incomparable.

Como muy bien afirmara John Holt:

[...] podemos ver que no existe diferencia entre vivir y

aprender, que vivir es aprender, que es imposible, engañoso y dañino pensar en ellos como si estuvieran separados.[71]

Cuando haces *homeschooling* suele suceder que ni se la pasan en la casa necesariamente ni se tienen que seguir las pautas que rigen a la escuela. A veces se está en la biblioteca, en el parque compartiendo con otras familias *homeschoolers*, en una excursión, en las prácticas de algún deporte, en seminarios, talleres, museos, etc.

El *unschooling* no suele hacer uso de currículos y se ciñe la experiencia del aprendizaje a los intereses del niño, desde una estructura orgánica, flexible, repleta de la mayor cantidad de recursos posibles, a la disposición del que aprende. Se le provee al niño toda la ayuda necesaria. El término «*unschooling*» se le atribuye a John Holt. Para mayor conocimiento sobre el *unschooling* les recomiendo los trabajos de Laura Mascaró Rotger[72]. La ventaja para el hispanoparlante es que su contenido llena la necesidad de conocimientos vitales para entender de qué se trata el *unschooling*. También les recomiendo el libro de Sandra Dodd: *Big Book of Unschooling*, y el de Kerry McDonald: *Unschooled Raising Curious, Well-Educated Children Outside the Conventional Classroom*.

El término «desescolarización» nos llega del intelectual Iván Illich, quién le dedica al tema un tratado de enorme relevancia titulado Sociedad Desescolarizada[73]. Su lectura la recomendamos a quienes quieran profundizar y entender aspectos fundamentales de la escolarización.

Hay quienes se inclinan por una experiencia ecléctica, es decir, combinan diversas influencias, facilitando una experiencia

---

[71] Holt, John. (1970). *What Do I Do Monday?* E. P. Dutton & Co., Inc. P. 23
[72] Laura Mascaró Rotger: https://lauramascaro.com
[73] Sociedad Desescolarizada de Iván Illich: http://comunizar.com.ar/wp-content/uploads/Illich-Iv%C3%A1n-La-sociedad-desescolarizada.pdf

de aprendizaje animada y orgánica, personalizada para cada hijo. Puede que para algunas materias usen un currículo que libremente escogen y para otras materias recurran a otros recursos, como pueden ser documentales, consultas con un experto en el tema en que el hijo se halla interesado, participación activa en un proyecto colaborativo de aprendizaje práctico. Incluso puede que se contraten maestros —por ejemplo, un maestro de violín—, para satisfacer cualquier aprendizaje que los padres no puedan proveer y que los niños no puedan aprender por su cuenta.

Nuestros hijos nunca fueron a la escuela, por tanto ninguno de los términos nos satisfacen plenamente. Tal vez lo que más se identifique a nuestra experiencia es el *Trivium* y el *Quadrivium*[74], en el marco de la libertad de un aprendizaje sin escuela. Simplemente explicado el *Trivium* es el conjunto de las tres artes liberales (gramática, lógica y retórica) que se enseñaba en la Edad Media. El *Quadrivium* se refiere a la Aritmética, Geometría, Astronomía y Música. Hemos incluido Filosofía y Educación Financiera. Este acercamiento desarrolla el pensamiento crítico y analítico, la creatividad, la oratoria y la escritura. Cuando se aplica en libertad y se actualiza a la luz de los avances actuales, sus resultados son asombrosos y las consecuencias son intimidantes para quienes dependen del engaño para subsistir. Debido al espacio limitado tendré que elaborar sobre este acercamiento en una publicación futura, mas les recomiendo que realicen su propia búsqueda.

Al principio muchas familias comienzan usando a la escuela

---

[74] Se puede afirmar que el *Trivium* y el *Quadrivium* son el antecedente remoto del currículum escolar (conjunto de objetivos, contenidos, metodología y criterios de evaluación que orientan la actividad académica) y si lo analizamos detenidamente, podemos detectar la lógica de su planteamiento. Se trataba de adquirir, con el *Trivium*, los aprendizajes generales y destrezas intelectuales para enseñar a los niños a pensar, para desarrollarles el criterio propio y prepararlos para el autoaprendizaje. Posteriormente se adquirían las disciplinas científicas, *Quadrivium*, que proporcionaban los elementos para conocer y dominar el mundo exterior. https://sitiocero.net/2013/12/algo-que-aprender-del-trivium-y-el-quadrivium/

de referente. Se entiende. Lo importante es que se ha dado un paso de proporciones épicas al decidir asumir la responsabilidad de la educación de nuestros hijos.

¿QUÉ ESTÁS DEJANDO ATRÁS?

Muchos padres no se explican por qué su hijo deja en blanco el espacio donde debe vaciar una respuesta en un examen, cuando la noche anterior se sentó a estudiar con él hasta asegurarse de que dominaba la materia que el examen cubriría. He aquí una probable explicación. El niño está muy capacitado pero el bloqueo que causa la amenaza de fracaso impide realizar un trabajo que le resultaría relativamente fácil bajo otras condiciones. Además, ¿por qué este tipo de examen tan superfluo?

Para superar el escollo elimina la fuente de estrés. Es lo que haces cuando optas por educar en el hogar. Sustituyes una presión contraproducente y hasta sádica, por un aprendizaje liberado de trabas que le son contranaturales. De eso se trata la educación en el hogar.

Nos dice la veterana *homeschooler* y escritora Linda Dobson lo siguiente:

> Las familias que educan en el hogar, en todas partes encuentran que, sin la amenaza constante de "fracaso", en realidad hay mucho más espacio para el éxito.[75]

El aprendizaje, desde la perspectiva del que aprende, no solo es mucho más eficaz sino que se alinea con los tiempos actuales, en que la creatividad se ha vuelto un factor determinante para el éxito de cualquier emprendimiento. Esto contrasta con la mentalidad de fábrica de la escuela, que exige una renuncia

---

[75] https://www.parentatthehelm.com/11353/what-happens-when-you-free-your-child-from-the-degrading-grading-experience/

involuntaria a la creatividad y una obediencia que fue funcional para prosperar en el mercado laboral industrial paro en la actualidad es un anacronismo al que sometemos peligrosamente a las nuevas generaciones de niños y jóvenes escolarizados. Dejar atrás la fuente de tensiones indebidas y al desquicio que representa tirar a una generación digital al anacrónico mundo análogo de la escuela tradicional, ayuda a solucionar problemas de autoestima.

Considera la siguiente descripción de la vida de tantos niños escolarizados, de la pluma de Laura Grace Weldon, autora de *Free Range Learning*:

> Los niños deben apresurarse para terminar las tareas o cambiar de asignatura antes de darles un sentido real, exactamente el tipo de educación que ha estado de moda durante mucho tiempo, no tienen forma de comprender completamente lo que se espera que aprendan. La información se almacena en sus memorias a corto plazo para obtener buenas calificaciones y aprobar exámenes, pero no se les proporciona un medio para relacionar el material con algo que ya comprenden. No están aprendiendo a aplicar la información a actividades de la vida real o, peor aún, a generar sabiduría a partir de ella. Se ignora la esencia misma del aprendizaje. [76]

Las escuelas tienen la grave limitación para los niños y una desventaja que por diseño es insuperable, de orientar la educación desde la perspectiva del maestro. El aprendizaje desde la perspectiva del que aprende no sólo es mucho más eficaz sino que se alinea con los tiempos actuales, en que la creatividad se ha vuelto un factor determinante para el éxito de cualquier emprendimiento. Esto contrasta con la mentalidad de fábrica de la escuela, que exige una renuncia involuntaria a la creatividad y una obediencia que fue funcional para prosperar en el mercado

---

[76] Weldon, Laura Grace. (2010). *Free Range Learning*. Hohm Press. p. 13

laboral industrial pero en la actualidad es un anacronismo al que sometemos peligrosamente a las nuevas generaciones de niños y jóvenes escolarizados. Dejar atrás la fuente de tensiones indebidas y el desquicio que representa tirar a una generación digital al anacrónico mundo análogo de la escuela tradicional, ayuda a solucionar problemas de autoestima. Linda Dobson afirma lo siguiente:

> En la escuela los errores son eventos devastadores que van desde una «F» en un informe de notas a burlas de compañeros abusivos, sumada a la vergüenza de la exposición pública. Tu hijo no tiene por qué temer estos resultados negativos cuando los intentos de algo nuevo le lleva a cometer errores. En el entorno de la educación en el hogar, más cálido y abierto, se está naturalmente más inclinado a experimentar y así se extienden y fortalecen sus habilidades. Claro, todavía comete errores, pero son experiencias positivas, oportunidades para aprender. Tu hijo sabe que lo puede intentar una y otra vez si es necesario. La autoestima crece justo junto con tu hijo.[77]

Al dejar atrás la escuela devuelves a tu hijo al tiempo que le ha tocado vivir. La escuela tradicional se quedó en el pasado, que es donde pertenece. Tu hijo es el presente y el futuro.

¿NECESITO CERTIFICARME?

La respuesta es no. No en Puerto Rico. La ventaja es enorme. En conversaciones con madres que fueron maestras de escuela y que educan en el hogar, no es raro que comenten sobre la necesidad de desaprender. En general todos los que hemos sido escolarizados tenemos que desaprender. Pero los maestros han sido objeto directo de la mala influencia de teorías fallidas del aprendizaje y de la conducta, que contagian como un virus los

---

[77] https://www.parentatthehelm.com/11353/what-happens-when-you-free-your-child-from-the-degrading-grading-experience/

contenidos de alta calidad de las materias que dominan.

En una publicación de la página de Facebook de *Homeschool Leader* se plantea lo siguiente:

> Una razón por la que la educación en el hogar es más desafiante para padres que para niños es porque, en general, los padres ven la enseñanza como una tarea realizada primariamente por «expertos», mientras los niños visualizan a casi todo el mundo como un maestro. Después de todo, el mejor aprendizaje se da durante aquellos momentos en que verdaderamente deseas aprender, usualmente no es en un salón de clases, donde el estudiante es obligado a completar tareas. Los padres que se desprograman a sí mismos encuentran que el *home/unschooling* es fácil, mientras que los padres que usan la coerción y la intimidación hallan el *home/unschooling* difícil. Hay 7 billones de maneras de volverte educado pero el aprendizaje voluntario es la mejor posición inicial. Aunque el aprendizaje forzado es bueno, si deseas soldados obedientes, conformistas y timoratos, que disparan contra extraños mientras acatan los comandos de otros extraños.[78]

Conozco madres que no terminaron sus estudios académicos y que seguramente han leído pocos libros sobre educación —quizá ninguno—, cuyos hijos educados en el hogar aprenden prodigiosamente. He conocido a madres que no completaron la escuela superior y cuyos hijos, educados en el hogar, aprenden de manera excepcional. Esto se debe a que los niños nacen con

---

[78] Homeschool Leader. (3 de marzo de 2020). *One reason that homeschooling is more challenging for parents than it is for children, is because, in general, parents see* [Publicación de estado]. Facebook.
https://www.facebook.com/HomeschoolLeader/?__cft__[0]=AZWaRLsLqhco kXnTPdY_L3Yt1kIvWPLrJQNX6P9rkAlbePKaJm0L9XkSxLtcegVH3kFXN-
OYSIQH8WxnjhgSracGcWnV_u0jkA4ungvIAM1dzqjhMS3qBLx48NwVQ3 JiSt1HzLYq7MVLNcBko3uImxUy&__tn__=-UC%2CP-R

un impulso dinámico por aprender. Con un dominio de lo básico y la ayuda justa y necesaria, el despegue vertiginoso del aprendizaje es inevitable.

En uno de esos casos el niño incluso era una actor talentoso que hizo gala de ello en un «*Talent Show*» de *homeschoolers*. El chico tomaba clases de oyente en una universidad y era guía en su museo. Me parece que tenía catorce años. La madre viajaba algo más de una hora para asistir a nuestra reunión del grupo de apoyo. No conducía ni tenía automóvil. Siempre hallaba a algún familiar que le hiciera el favor de traerlos. Querer es poder.

Menos intromisión adulta es igual a menos educación centrada en el adulto. Sobre todo en estos tiempos en que debemos considerar lo que a continuación explica el escritor y gurú del mercadeo contemporáneo, Seth Godin, en su libro *Stop Stealing Dreams*:

> El Internet está convirtiendo el rol de los maestros en uno de custodios de contenido sin importancia, redundante. Incluso un desperdicio. Si hay información que puede ser escrita, difundida mediante acceso digital ahora, significa que casi cualquier persona puede revisarla. No necesitamos a un ser humano parado junto a nosotros para darnos lecciones sobre cómo encontrar la raíz cuadrada de un número o sobre cómo afilar un hacha.[79]

Tal vez piensas que no estás lo suficientemente educado como para enseñar a tus propios hijos, mas considera lo siguiente: estás enviando a tus hijos a la escuela. Hicieron lo mismo contigo. ¿Acaso no sientes que te educaron lo suficiente como para aplicar lo aprendido y educar a tus hijos? Lo cierto es que tienes la capacidad pero tu experiencia escolar, sumada al arraigo de la

---

[79] El libro de Seth Godin, Stop Stealing Dreams, puede ser descargado gratuitamente a través el siguiente enlace: https://www.pdfdrive.com/stop-stealing-dreams-seth-godin-d27055.html

cultura escolar, te pueden llenar de dudas. Sin embargo, este estilo de vida, aunque tiene sus desafíos, puede y tiende a ser diferente y mucho más simple. El ingrediente esencial ya lo tienes: el amor por el que aprende. A eso súmale la confianza en él y en ti. Además, cuentas con ventajas sobre una maestra de escuela que va a beneficiar enormemente a un hijo.

Así lo plantea Patricia Zaballos para un *blog* excelente dirigido por una experta en el tema de la Revolución Educativa radicada en Nueva York, Lisa Nielsen. En el *blog The Innovative Educator*, *Zaballos* afirma lo siguiente:

> La mayoría de los padres que educan en casa cambian y evolucionan como educadores mucho más rápido que los maestros jamás podrán hacerlo. Simplemente porque tenemos más libertad y flexibilidad para hacerlo. Además, nuestro incentivo para cambiar no es teórico, o para mejorar resultados de pruebas, o por pasión por nuestras carreras. Nuestro incentivo son nuestros propios hijos. Incluso los educadores en el hogar, los más conservadores, aquellos que emplean un modelo escolarizado en casa, tienden a ser más centrados en el niño. Las necesidades de nuestros niños nos apelan tanto, al punto de no poder no tenerlas en cuenta.[80]

Como educadores en el hogar la idea no es aspirar a ser maestros, sobre todo cuando los tiempos exigen una redefinición general de la cultura de la enseñanza tipo escuela. Tu interés en el aprendizaje de tus hijos y en su bienestar no se compara con el de nadie.

Zaballos añade lo siguiente:

---

[80] Zeballos, P. (3 de abril de 2012). Why Seth Godin and Other Education Reformers Shouldn't Dismiss Homeschooling. Lisa Nielsen The Innovative Educator. Párrafo 13. https://theinnovativeeducator.blogspot.com/2012/04/why-seth-godin-and-other-education.html#more

También atestiguamos los momentos de aprender que no funcionan, cuando un niño está aburrido o frustrado, o simplemente cruza sonámbulo a través de una tarea. Este es el punto en que muchos educadores en el hogar caen en la influencia del pensamiento escolarizado. Nos preocupamos que tenemos que forzar a nuestros hijos a través del proceso, de que tienen que experimentar el aburrimiento y el desafío porque es de las cosas que está hecha la vida. Pero entonces recordamos esos otros momentos, esos momentos de aprendizaje comprometido, cuando seguramente vimos chispas en sus ojos, y empezamos a dejar atrás el camino del pensamiento escolarizado. Empezamos a darnos cuenta de que cualquier niño que desarrolle pasiones se encontrará con obstáculos de la vida real en aras de consumar esas pasiones; y ahí es donde van a aprender sobre el esfuerzo, la perseverancia, y sobre hacer cosas que no quieren hacer. Nosotros no tenemos que forzar esas experiencias en ellos bajo la apariencia de aprendizaje. Es una pérdida de tiempo.[81]

Para impulsar una experiencia de aprendizaje exitosa, combinemos esa disposición de padres que nadie puede suplantar, con el fuego interno que traen los niños y que anima ese impulso propio por aprender que nadie tiene que activar por ellos. Eres la persona ideal para garantizar las mejores condiciones y el mejor ecosistema posible para la crianza y la educación de tus hijos.

Un argumento que ayuda a desmitificar la necesidad de un título de maestro para encargarte de la educación de tus hijos es lo que en su libro, A Different Kind of Teacher, Gatto,

---

[81] Zeballos, P. (3 de abril de 2012). Why Seth Godin and Other Education Reformers Shouldn't Dismiss Homeschooling. Lisa Nielsen The Innovative Educator. Párrafo 10. https://theinnovativeeducator.blogspot.com/2012/04/why-seth-godin-and-other-education.html#more

provocativamente, plantea a continuación:

> Considera la fantasía de la certificación de maestros. Los maestros son licenciados y pagados como si fueran especialistas, pero rara vez lo son. Por ejemplo, un maestro de ciencias casi nunca es realmente un científico —un hombre o una mujer— que piensa acerca de los secretos de la naturaleza como una pasión privada y que persigue este interés en su tiempo personal.[82]

Gatto deja claro que pueden haber excepciones. Conozco maestras de español que han publicado libros de cuentos. Sobre todo maestros del campo de las artes y los deportes que le dedican tiempo a sus respectivas disciplinas. Su intención no es ofender al magisterio sino plantear un hecho que no suele discutirse. Enseñar, según el Maestro del Año del Estado de Nueva York, no es una profesión sino una función. Además, las mismas deficiencias de la escuela hacen que muchos estudiantes universitarios renuncien frustrados a sus aspiraciones de completar una carrera profesional y deciden estudiar pedagogía como plan B. Es muy triste porque tienden a ser personas muy hábiles que han optado por renunciar a sus sueños y asegurar al menos un salario. Muchos de ellos renunciaron bajo la falsa impresión, creada por la experiencia escolar, que les llevó al convencimiento lamentable de no contar con los dotes necesarios para alcanzar sus sueños.

Laura Mascaró Rotger, autora del libro Sin Escuela, responde a continuación al asunto de la certificación:

> No existe ningún requisito para educar a los hijos en casa. Tener un título nunca garantiza que se posean determinados conocimientos o determinadas capacidades. Conozco licenciados en pedagogía a quienes preferiría que mis hijos no se acercaran; conozco licenciados en derecho

---

[82] Gatto, John Taylor. (2001) *A Different Kind of Teacher*. Berkeley Hills Booksp. 67

a quienes no confiaría mis asuntos legales; y conozco a mucha gente que no tiene títulos y que es muy capaz de desempeñar diferentes tipos de tareas. El título no es sinónimo de capacitación ni mucho menos de vocación, así que no creo que sea fundamental a la hora de permitir que unos padres decidan cómo educar a sus hijos. Al fin y al cabo, todos alimentamos a nuestros hijos a diario y la mayoría no tenemos ningún título de nutricionista ni somos cocineros profesionales. No veo por qué la educación habría de ser diferente.[83]

A la pregunta, ¿Debe haber más requisitos para las familias que educan en el hogar?, HSLDA contesta lo siguiente:

No. Estudios nacionales demuestran que estudiantes educados en el hogar superan muy bien las pruebas estandarizadas. Los estudiantes educados en el hogar obtienen resultados un treinta por ciento más altos que el promedio.[84]

Estos padres, de acuerdo a estadísticas ofrecidos por el Dr. Brian Ray, del National Home Education Research Institute tienen éxito independientemente de su estatus económico. Los padres que escogen educar en el hogar lo hacen porque creen que es lo mejor para sus hijos.[85]

No temas temer y lánzate a una aventura de mucho crecimiento. A principio pueden haber muchas dudas y tensiones. En el camino se suelen superar y se logra mucho más que destrezas académicas, si en vez de seguir a la escuela sigues a tu hijo como punto de referencia.

---

[83] https://lauramascaro.com/medios/homeschooling-como-alternativa-la/
[84] Home School Legal Defense Association (HSLDA)es una organización sin fines de lucro establecida para defender y promover el derecho constitucional de los padres a dirigir la educación de sus hijos y proteger las libertades de las familias. https://hslda.org/content/
[85] https://www.nheri.org

¿CÓMO ES POSIBLE QUE PADRES QUE NO SABEN ENSEÑEN?

Tomemos como ejemplo la historia del maestro Jacotot. Como todo maestro, Jacotot —según relata el filósofo francés Jacques Rancière en su libro El Maestro Ignorante—

> ...había creído lo que creían todos los profesores concienzudos: que la gran tarea del maestro es transmitir sus conocimientos a sus discípulos para elevarlos gradualmente hacia su propia ciencia.[86]

En una entrevista realizada a Rancière y como una de las aportaciones más importantes de Jacotot, el filósofo francés destaca lo siguiente:

> Joseph consiguió demostrar que el método de la explicación constituye el principio mismo del sometimiento, por no decir del embrutecimiento.[87]

¿Y quién era Jacotot? Según nos cuenta Jacques Rancière, Jacotot era un distinguido filósofo y maestro francés del siglo XIX, que llegó a Bélgica por razones políticas. Fue contratado por la Universidad de Lovaina para enseñar francés. Jacotot no hablaba el idioma de sus estudiantes y sus alumnos no hablaban el suyo. A Jacotot se le ocurre proponer la lectura de una versión bilingüe de un libro titulado Las Aventuras de Telémaco, de Fénelon[88]. Estos quedan a su suerte, los dejó solos con el texto y con su deseo de aprender. No se trató de un texto simple para principiantes sino de una obra compleja.

Fue una sorpresa impresionante el que a pocos meses de

---

[86] Rancière, Jacques. (2007) *El maestro ignorante*. Libros del Zorzal. p. 17
[87] Corradini, L. (30 de mayo de 2008). Entrevista a Jacques Rancière: "El Maestro Ignorante". *Clionauta: Blog de Historia.*
https://clionauta.wordpress.com/2008/05/30/entrevista-a-jacques-ranciere-el-maestro-ignorante/ Párrafo 8.
[88] Las aventuras de Telémaco es una obra del francés François Fénelon. Este fue un teólogo, obispo católico, poeta y escritor.

emprender la lectura por el inexplorado mar de un idioma desconocido, todos fueron capaces de hablar y de escribir en francés, sin que el maestro les hubiese transmitido nada significativo de su propio conocimiento. Jacotot aprendía el idioma de sus alumnos mientras estos aprendían el suyo. Así lograron entenderse.

El profesor llega a la conclusión de que sus alumnos habían hecho uso de la misma inteligencia que asiste a un niño para aprender a hablar. Los niños escuchan y retienen sin esfuerzo. Imitan sonidos y los repiten, cometen errores que van corrigiendo, hasta perfeccionar el uso de un idioma que hasta hace poco les era ajeno.

El maestro Jacotot decidió no presumir ser el centro del universo del aprendizaje de sus estudiantes. No se interpuso entre la inteligencia del escritor y la inteligencia del lector. Es un descubrimiento que hacen muchos padres que educan en el hogar y que contemplan a sus hijos aprendiendo por su cuenta. Estos cotidianamente ven a sus hijos progresar al asumir las riendas de su aprendizaje, basados en sus búsquedas propias. Es una de las explicaciones principales, me atrevo a afirmar, para el éxito de la educación en el hogar.

Con la experiencia de la lectura de Telémaco, Jacotot da un giro radical a su apreciación del proceso de aprendizaje. Luego de exponer la forma de pensar de Jacotot, antes de la experiencia con los alumnos belgas, Rancière explica lo que significó el cambio que vivió el maestro, en el siguiente párrafo:

> Así razonan todos los profesores concienzudos. Así había razonado y actuado Joseph Jacotot a lo largo de treinta años de profesión. Ahora bien, he aquí que un grano de arena se introducía azarosamente en los engranajes de la máquina. Él no les había dado a sus «alumnos» ninguna explicación sobre los primeros elementos de la lengua. No les había explicado la

ortografía ni las conjugaciones. Habían buscado por su cuenta las palabras francesas que correspondían a las palabras conocidas y las razones de sus desinencias[89]. Habían aprendido solos a combinarlas para luego construir oraciones francesas: oraciones cuya ortografía y gramática se volvían cada vez más exactas a medida que avanzaban en el libro; pero sobre todo oraciones de escritores y en absoluto de escolares. ¿Entonces las explicaciones del maestro estaban de más? O, si no lo estaban, ¿para qué o para quién eran útiles?[90]

Cabe detenerse un momento ante la distinción entre el hecho de que la lectura en cuestión era de frases de escritores, no de escolares. Los textos escolares suelen ser tediosos y caducar en un periodo corto. Pueden crear la falsa impresión de que la lectura es una experiencia pesada por naturaleza. Se crea en el estudiante una falsa impresión de lo que significa leer. Combinado con la idea de que todos tienen que leer lo mismo a la misma vez, justo hasta donde se les instruye que lean. Es la receta perfecta para sembrar en un potencial lector voraz, desagrado y desdén, tal vez insuperable, hacia la lectura.

El escritor argentino Jorge Luis Borges afirmaba lo siguiente:

La lectura debe ser una de las formas de la felicidad.[91]

Borges entendía que si consideramos a la lectura como fuente de placer y felicidad, no puede ser obligatoria. Planteaba que al igual que considerar al placer y la felicidad como obligatorias era un contrasentido, también lo era considerar a la lectura como obligatoria.[92]

---

[89] Desinencia: 1. f. Gram. Morfema flexivo pospuesto a la raíz, especialmente la de un verbo. Un morfema es una unidad mínima de significado. La palabra «mujeres» contiene dos morfemas: mujer y -es.
[90] Rancière, Jacques. (2007) *El maestro ignorante*. Libros del Zorzal. p. 18
[91] https://www.youtube.com/watch?v=e0EdcdiVnHI
[92] https://www.youtube.com/watch?v=e0EdcdiVnHI

HOMESCHOOLING: APRENDIENDO EN LIBERTAD

Cuando a uno le preguntan si cualquier padre puede educar en el hogar, podemos referirnos a la respuesta de Rancière, a través de Jacotot:

> Se puede enseñar lo que se ignora si se emancipa al alumno, es decir, si se lo obliga a usar su propia inteligencia.[93]

La obra de Rancière no va dirigida a la educación en el hogar. Sin embargo podemos aplicar la propuesta de Jacotot a nuestra experiencia. El aprendizaje sin escuela da continuidad ininterrumpida, desde el aprendizaje autodirigido del bebé, pasando por el niño hasta el hombre y la mujer. Podemos de esta manera cerrar la brecha imaginaria que abre la escuela entre el autor y el lector, para interponer al maestro explicador, que según el filósofo francés,

> es el principio del embrutecimiento pedagógico.[94]

Las observaciones de lo que hicieron los alumnos de Jacotot nos da una idea de cómo aprenden los niños educados en el hogar y por qué tienden a ser tan exitosos. Como padres que asumen las riendas de la experiencia educativa de un hijo, quedan ustedes libres de dirigir la experiencia como una impulsada por quien aprende, en lugar de ser una en que se interpone el que pretende enseñar como la fuerza dinámica de la experiencia. Es la manera más efectiva de aprender: desde la pasión y el interés de quien aprende. Tus hijos vienen equipados con lo necesario para ser exitosos, si se les permite. La escuela ha demostrado, a través de largas décadas, ignorar aspectos del aprendizaje tan elementales como los que estamos planteando y que Rancière pone de manifiesto en la obra El Maestro Ignorante. Al hablar de los alumnos de Jacotot, Rancière nos deja saber que:

---

[93] Rancière, Jacques. (2007) *El maestro ignorante*. Libros del Zorzal. p. 30
[94] Rancière, Jacques. (2007) *El maestro ignorante*. Libros del Zorzal. p. 24

DEFINIR EL HOMESCHOOLING

>...la inteligencia que les había hecho aprender el francés en Telémaco era la misma con la que habían aprendido la lengua materna: observando y reteniendo, repitiendo y verificando, relacionando aquello que buscaban conocer con lo ya conocido, haciendo y reflexionando acerca de lo que habían hecho. Habían avanzado como no se debe, como los niños, a ciegas, adivinando.[95]

La escuela, en cambio, da la espalda a la inteligencia que llevó a los niños a aprender el lenguaje de sus padres. Hace caso omiso al impulso por explorar que caracteriza a los niños y que les llevó a elevarse sobre sus pies, cuando estuvieron listos, para caminar con dignidad y correr a toda velocidad sobre la tierra.

El maestro, en el esquema de la escolarización, es quien necesita de los niños, no al revés. Así lo afirma Rancière:

>La explicación no es necesaria para remediar la incapacidad de comprender. Por el contrario, justamente esa incapacidad es la ficción estructurante de la concepción explicadora del mundo. Es el explicador quien necesita del incapaz, y no a la inversa; es él quien constituye al incapaz como tal. Explicar algo a alguien es, en primer lugar, demostrarle que no puede comprenderlo por sí mismo. Antes de ser el acto del pedagogo, la explicación es el mito de la pedagogía, la parábola[96] de un mundo dividido en espíritus sabios y espíritus ignorantes, maduros e inmaduros, capaces e incapaces, inteligentes y estúpidos. El truco característico del explicador consiste en ese doble gesto inaugural. Por un lado, decreta el comienzo absoluto: en este momento, y sólo ahora, comenzará el acto de aprender. Por el otro, arroja un velo de ignorancia sobre todas las cosas por aprender, que él mismo se encarga de

---

[95] Rancière, Jacques. (2007) *El maestro ignorante*. Libros del Zorzal. p. 25
[96] Parábola: Narración breve y simbólica de la que se extrae una enseñanza moral.

levantar. Hasta que él llegó, el hombrecito tanteaba a ciegas, adivinaba. Ahora aprenderá. Antes oía palabras y las repetía. Ahora se trata de leer, y no entenderá las palabras si no entiende las sílabas, ni las sílabas si no entiende las letras, que ni el libro ni sus padres podrían jamás hacerle entender, sino sólo la palabra del maestro. Como decíamos, el mito pedagógico divide el mundo en dos. Para ser más precisos, divide la inteligencia en dos. Existen, según este mito, una inteligencia inferior y una superior. La primera registra según el azar de las percepciones, retiene, interpreta y repite empíricamente, dentro del estrecho círculo de hábitos y necesidades. Es la inteligencia del niño pequeño y del hombre del pueblo. La segunda conoce las cosas mediante las razones, procede metódicamente, de lo simple a lo complejo, de la parte al todo. Es este tipo de inteligencia la que le permite al maestro transmitir sus conocimientos, adaptándolos a las capacidades intelectuales del alumno, y verificar que el alumno comprendió bien lo aprendido. Tal es el principio de la explicación. Y, en adelante, ese será para Jacotot el principio del embrutecimiento.[97]

Al educar a nuestros hijos no nos debe interesar reproducir un patrón que, como advierte el filósofo Rancière, atonta, al obstruir las vías de la inteligencia de los niños con explicaciones que apagan las búsquedas propias. Por eso no importa si los padres son catedráticos o personas de poca preparación académica, si se honra a los niños, cuando se les respeta y fomenta el impulso por aprender. Si existe el compromiso y la confianza incondicional en los niños, por todo lo anteriormente expuesto, el aprendizaje se va a dar y la confianza depositada en los hijos va a rendir buen fruto.

---

[97] Rancière, Jacques. (2007) *El maestro ignorante*. Libros del Zorzal. pp. 21-22

DEFINIR EL HOMESCHOOLING

Por eso los padres pueden ser profesionales con doctorado o personas con muy poca preparación académica, pueden ser ricos o pobres, y el éxito de la educación en el hogar radica en la inteligencia del niño y su motivación intrínseca por aprender, por saber, sumada al amor incondicional y la ayuda de los padres. Ese amor incondicional lo celebra John Taylor Gatto con las siguientes palabras:

> Una cosa que sabes es lo improbable que será que cualquier profesor entienda la personalidad de tu hijo en particular o cualquier cosa significativa sobre tu familia, cultura, religión, planes, esperanzas, sueños. En la confusión de los asuntos escolares ni siquiera los maestros con disposición para ello tienen la oportunidad de conocer esas cosas.[98]

Sabiendo lo que ahora sabes y consciente de tu posición ventajosa como la persona que mejor conoce a tu hijo, las posibilidades de una experiencia de aprendizaje y crecimiento pleno están esperándoles.

---

[98] Gatto, John Taylor. (2007) *The Underground History of American Education*. Oxford Village Press. p. xxiv

JUGAR ES APRENDER

La boca de un bebé, según afirma André Stern, autor de Yo Nunca fui a la Escuela, está diseñada para pronunciar los fonemas[99] de todas las lenguas del mundo (Stern, 2018, 15m33s).[100] En la selva virgen es importante distinguir entre doscientos matices de verde, de acuerdo con el también luthier[101] y músico. André asegura que nuestros niños tienen el potencial de desarrollar este conocimiento, al igual que los niños de Madrid o de cualquier otra parte del mundo. Luego pregunta Stern a un grupo de asistentes a su conferencia, ¿qué pasa cuando los niños son obligados a aprender sobre aquello a lo que no le tienen uso alguno? A lo que responde:

Se atrofian hasta desaparecer.[102]

Stern advierte que los niños están llamados a ser árboles gigantes pero el proceso de desarrollo, mediante el tipo de escolarización al que los sometemos, los convierte en adultos que terminan siendo una versión bonsái de sus potencialidades.[103]

André Stern hace una crítica interesante en torno a la memorización y al olvido. Dice que olvidar está excusado en nuestra sociedad escolarizada, siempre y cuando alegues haber aprendido tal cosa, sólo que lo has olvidado. Lo que no se te perdona es decir que no lo has aprendido nunca. Al parecer, para esta sociedad es normal que más o menos un noventa por ciento de todo lo enseñado se olvide. Sin embargo, en ambos casos se está en la misma condición, tanto si no recuerdas lo que te enseñaron como si nunca lo aprendiste.

Stern afirma que lo poco que conservamos de conocimientos

---

[99] Los fonemas son la articulación mínima de un sonido de vocal y de consonante.
[100] https://www.youtube.com/watch?v=eqDfcoC5dxo. Stern, 2018, 15m33s.
[101] Lutier: Persona que se dedica profesionalmente a fabricar y reparar instrumentos musicales de cuerda.
[102] https://www.youtube.com/watch?v=eqDfcoC5dxo. Stern, 2018, 16m35s.
[103] https://www.youtube.com/watch?v=eqDfcoC5dxo. Stern, 2018, 17m58s.

escolares lo hemos seleccionado nosotros porque nos emocionamos e identificamos con ello, no porque nos obligaron a aprenderlo. La buena noticia es que no tenemos por qué hacer con nuestros hijos lo que se nos hizo a nosotros.

El aprendizaje es fruto de un amor incondicional. Así lo plantea Stern al establecer como principio la confianza incondicional en los niños y en sus potencialidades. El amor incondicional es también confianza incondicional. Esta reconciliación con el niño herido, afirma Stern, cambia al mundo.[104]

Stern advierte que a la hora de manejar asuntos educativos a los niños no se les suele formular la pregunta clave: ¿qué te interesa?

Y es cierto. Cuando en los medios la educación se vuelve noticia, las entrevistas y discusiones giran en torno a la perspectiva de los adultos y expertos, rara vez se recoge el sentir de los estudiantes. Cuando lo hacen suelen ser respuestas autómatas que parecen perseguir el reconocimiento de la autoridad adulta.

La escuela impone sus materias como imprescindibles. Pueden ser bien valiosas mas no ser del interés para el estudiante en el momento en que para la escuela sí lo es. La maestra puede estar al tanto de esto y tendría que hacer malabares, tomar medidas subversivas para proteger a un estudiante del acto de impericia pedagógica en que el sistema le obliga a incurrir, al forzar enseñanzas. Esa discrepancia, en un mundo sensato, se resolvería en favor del que aprende. Más en estos tiempos en que gracias a los avances de la tecnología y el acceso al Internet, de surgir interés o necesidad en el futuro, se podrá aprender sin que medie la amenaza o el soborno de la nota. Se rehabilitaría el sentido de recompensa que nunca debimos haber abandonado: la

---

[104] https://www.youtube.com/watch?v=eqDfcoC5dxo. Stern, 2018, 35m12s

recompensa debe ser el esfuerzo mismo por aprender y lo aprendido debería ser el premio. El premio debería ser la apropiación de nuevos conocimientos y su aplicabilidad práctica. Así como afirmaba Gandhi, que la paz es su propia recompensa, la educación en el hogar nos ha demostrado que el aprendizaje, desde los ojos del que aprende, es su propia recompensa.

En su obra titulada *I Won't Learn From You*, Herbert Kohl explica cómo el empeño de forzar la enseñanza es recibido con un rechazo al aprendizaje, como la concibe e impone la escuela. Kohl plantea lo siguiente:

> Aprender a no aprender es un desafío intelectual y social; a veces tienes que trabajar muy duro en ello. Consiste en un rechazo activo, a menudo ingenioso, deliberado incluso, de la enseñanza más compasiva y bien diseñada. Subvierte los intentos de remediación tanto como rechaza el aprendizaje en primer lugar. Fue a través de la comprensión de mi propio no aprendizaje que comencé a comprender el mundo interno de los estudiantes que eligen no aprender lo que yo quería enseñar. A lo largo de los años, me uní a ellos en su negativa a ser moldeados por una sociedad hostil y he llegado a considerar que el no aprendizaje es positivo y saludable en muchas situaciones.[105]

Con un argumento similar, el físico teórico estadounidense Michio Kaku, hablando en una entrevista sobre la memorización de minerales que le asignaron a su hija, afirma que

> no es que nuestros estudiantes sean torpes de entendimiento y que no puedan memorizar estas cosas. Son tan inteligentes que han descifrado que este material es totalmente inservible y se olvidan el día después del examen. Los estudiantes son tan inteligentes que han

---

[105] Kohl, Herbert. (1991). *I Won't Learn From You*. Milkweed Editions. P. 2

DEFINIR EL HOMESCHOOLING

entendido que no volverán a ver estas cosas nunca más. Sólo tienen que memorizárselas una vez en la vida, desechar sus textos y están totalmente en lo cierto. Nunca vuelven a ver estos cientos de minerales y cristales otra vez en sus vidas.[106]

El enfoque, hasta ahora, ha sido enseñar para reforzar aquello que no le interesa al momento, a quien nace para aprender. De interesarle, el enfoque radica en la memorización y no en la comprensión ni en la experiencia práctica, orientada por el interés de quien aprende. Kaku advierte que no se debe confundir ciencia con memorización.[107]

A una edad temprana, aunque la influencia de la escuela parece inocente, el efecto es drástico, pues se les interrumpe el aprendizaje autodirigido mediante el juego y la conexión con la familia y su comunidad. Se les imponen unas enseñanzas formales y uniformes que inevitablemente habrían de obtener a su debido tiempo.

Nos dice André Stern que obligar a un niño a que deje de jugar para aprender, es una cosa incomprensible. Hemos llegado a degradar el sentido del juego, al punto de entenderlo como lo opuesto al aprendizaje. Según Stern, es como decirle que respire sin tomar aire. Los niños no pueden separar una cosa de la otra. Se aprende jugando y se juega aprendiendo.

Afirma Stern que la ciencia reconoce que los niños no pueden separar el juego del aprendizaje porque son una misma cosa. Mediante el juego es que los humanos aprendemos. Por eso tan pronto dejas a un niño ser, lo primero que hace es jugar. Y según Stern, si nunca le interrumpes nunca dejará de aprender, toda la vida. El sentido del juego va a cambiar pero no el espíritu de juego.

En su libro *Homo Ludens*[108], el historiador holandés Johan

---

[106] https://www.youtube.com/watch?v=e9yUXVzs0Qw. Canal M Devlin, 2010, 0m42s.
[107] https://www.youtube.com/watch?v=e9yUXVzs0Qw. Canal M Devlin, 2010, 0m35s.

Huizinga define el juego como la actividad central en las sociedades florecientes. Luden se refiere al juego. Peter Gray, en su libro *Free to Learn*[109], también destaca lo imprescindible del juego, desde la crianza de niños por nuestros ancestros hasta el aprendizaje.

Por tanto, que tu experiencia con el aprendizaje sin escuela sea también un juego, una aventura. Que la confianza incondicional anime tu experiencia de amor incondicional. Que la semilla que son nuestros niños florezca hasta convertirse en un bosque adulto de árboles gigantes.

GENIOS

En su más reciente libro, *You, Your Child, and School*, Sir Ken Robinson plantea lo siguiente:

> Uno de los problemas profundos en la educación, que debe preocuparte como padre, es la idea limitada de inteligencia que impregna la cultura escolar. El éxito en la educación todavía se basa en gran medida en nuestra concepción estrecha de la capacidad académica y la tendencia a confundir eso con la inteligencia en general. La habilidad académica implica tipos particulares de razonamiento verbal y matemático, que es una de las razones por las cuales los niños en la escuela pasan mucho tiempo sentados escribiendo y calculando. La capacidad académica es importante, pero no comprende toda la inteligencia. Si lo fuera, la cultura humana sería mucho menos interesante.[110]

---

[108] https://www.amazon.com/Homo-Ludens-Study-Play-Element-Culture/dp/1614277060/ref=sr_1_1?crid=1FV8KDFE5J09B&keywords=homo+ludens+johan+huizinga&qid=1650509616&sprefix=homo+ludens%2Caps%2C166&sr=8-1
[109] https://www.amazon.com/Free-Learn-Unleashing-Instinct-Self-Reliant-ebook/dp/B00B3M3KZG/ref=sr_1_1?crid=34YK6CTIJIYHX&keywords=free+to+learn+by+peter+gray&qid=1650509524&sprefix=free+to+learn%2Caps%2C383&sr=8-1
[110] Robinson, Sir Ken. (2018). *You, your Child, and School*. Penguin Books; Reprint edition. p. 61

DEFINIR EL HOMESCHOOLING

Mientras tu hijo pudiera estar disfrutando de una experiencia de aprendizaje que parte del reconocimiento de sus habilidades, la escuela sigue partiendo de la siguiente descripción planteada por Sir Ken Robinson:

> Cuando la educación funciona con una idea limitada de habilidad, todo tipo de otras habilidades pueden pasar desapercibidas. Tu hijo puede tener muchos talentos e intereses que no se reconocen en la escuela, y tanto tú como tu hijo y la escuela pueden llegar a la conclusión de que él no es muy inteligente, cuando el verdadero problema es cuán estrechamente se define «inteligente». Una vez que reconocemos que todos nuestros hijos son inteligentes en una variedad de formas, podemos ver que tienen muchos caminos diferentes para la realización, no solo uno.[111]

El *homeschooling* facilita la identificación del genio en cada niño, sobre todo entre padres que logran no comparar a sus hijos con los demás. Cuando hablamos de genios no nos limitamos a los que puedan destacarse en campos relacionados al *STEM*[112] o al arte sino al genio en todas su posibles manifestaciones. Si a los niños se les permitiera aprender a su ritmo, aprendizajes impulsados por su interés, que se originan en el deseo de aprender y no en la necesidad de otros de enseñar, seguramente entonces el mundo se poblaría de genios. Es de lo que se trata el *homeschooling* y es lo que debería animar todo esfuerzo por contribuir al aprendizaje de los niños.

John Taylor Gatto, en su libro *Weapons of Mass Instruction*, hace la siguiente observación al respecto:

> He llegado a la conclusión de que los genios son tan

---

[111] Robinson, Sir Ken. (2018). You, your Child, and School. Penguin Books; Reprint edition. p. 61
[112] El palabra *STEM* es el acrónimo de los términos en inglés *Science, Technology, Engineering and Mathematics* (Ciencia, Tecnología, Ingeniería y Matemáticas).

comunes como el polvo. Suprimimos a nuestros genios sólo porque no hemos resuelto cómo manejar a una población de hombres y mujeres educados. La solución, me parece, es simple: deja que se manejen a sí mismos.[113]

La propuesta de Gatto exige un cambio radical de perspectiva. El sistema educativa parece partir de la desconfianza en nuestras capacidades para aprender. Sin embargo lo que propone Gatto armoniza con la forma en que aprendemos. Así lo parece confirmar Sir Ken Robinson al afirmar lo siguiente:

> Durante la mayor parte de la historia de la humanidad, los niños se educaron a sí mismos observando, explorando, cuestionando, jugando y participando. Este instinto educacional todavía funciona maravillosamente para los niños que cuentan con condiciones que les permiten florecer.[114]

Cuando optas por educar en el hogar estás potenciando al genio en tu hijo. Ya vienen equipados con lo necesario para aprender lo que deseen aprender. Tienen altas probabilidades de alcanzar el pleno desarrollo de sus facultades y de sus habilidades.

No se necesita ser un genio para cultivar genios. Se necesita entender que la definición de inteligencia de la escuela es una definición que se queda corta, como señalara anteriormente Sir Ken Robinson. Si por un lado, como afirma Robinson, nuestro actual sistema educativo apaga sistemáticamente la creatividad de los niños, por el otro la educación en el hogar está potenciando la restauración de tan vital aspecto de la vida. La educación en el hogar puede reanimar las energías creativas y el desarrollo de la inteligencia de cada niño, siguiendo cada cual su propio cause y

---

[113] Gatto, John Taylor. (2010), *Weapons of Mass Instruction*. New Society Publishers. «prólogo», p. xxiii
[114] Robinson, Sir Ken. (2018). *You, your Child, and School*. Penguin Books; Reprint edition. p. 9

DEFINIR EL HOMESCHOOLING

encendiendo faros en medio de un oscuro mar, desde las miradas inquisitivas de nuestros niños.

Esto es una muy buena noticia porque se da en tiempos en que la vida y la economía han cambiado radicalmente. Tanto que seguir el mismo curso de acción es sumamente peligroso para los niños y para el futuro de la humanidad. El mundo es uno tan distinto que la culminación de la educación formal, con un título universitario, ha dejado de representar lo que antes incentivaba enormemente animar a toda nuestra juventud a seguir este rumbo. Así lo plantea Robinson:

> Un título universitario ya no es garantía de un trabajo bien remunerado, en parte porque mucha gente ahora lo tiene. Los empresarios tampoco están contentos, y son las personas a las que los políticos intentan complacer. Dada la rapidez con que está cambiando el mundo del trabajo, los empleadores dicen que necesitan personas que sean adaptables y que puedan dedicarse a nuevas tareas y desafíos; necesitan personas que sean creativas y puedan proponer ideas para nuevos productos, servicios y sistemas; y necesitan jugadores en equipo que puedan colaborar y trabajar juntos. Se quejan de que muchos jóvenes con calificaciones académicas convencionales no son adaptables, creativos o jugadores de equipo. ¿Por qué deberían serlo? Han pasado años en educación y aprendiendo que el sistema de pruebas constantes premia la conformidad, el cumplimiento y la contienda.[115]

La escuela se diseñó desde otros valores, que incluso desalientan la creatividad y fomentan la obediencia a lo creado. El enfoque escolar es la producción de consumidores y de obediencia, no de productores y librepensadores. Mas en estos tiempos en que la manufactura dejó de ser el motor de la

---

[115] Robinson, Sir Ken. (2018). *You, your Child, and School*. Penguin Books; Reprint edition. P18

economía, nuestros hijos, para potenciar su florecimiento y prosperidad, dependen de desarrollar plenamente su creatividad y sus habilidades. También deben dominar los aprendizajes estándares prácticos que cada uno ha de ver necesarios, a partir de su propia toma de conciencia. Estos se revelarán como pertinentes si los necesitan, para realizar sus proyectos, ya no como un fin en sí mismos sino como herramientas útiles a su disposición, como medios para alcanzar un fin propio. Esos aprendizajes no tienen por qué salir a buscar a uno. Sale uno a buscarlos.

Steven Harrison, autor de *The Happy Child*, al afirma lo siguiente:

> Lo que permanece luego de remover las limitaciones impuestas por teorías de la educación es un estallido de creatividad.[116]

Considera también la siguiente anécdota del pintor impresionista, Claude Monet:

> Fue en casa que aprendí lo poco que sé. Las escuelas siempre me parecieron una prisión y nunca pude optar por permanecer allí, ni siquiera cuatro horas al día. No cuando el sol era atrayente, el mar era apacible y podía correr felizmente y al aire libre por los acantilados, o remar en el agua.[117]

Nos identificamos totalmente con Monet. Especialmente porque nuestra isla invita a explorarla y a hacer de ella todo un espacio para el aprendizaje, a lo Monet.

La conclusión de Sir Ken Robinson, al final de su conferencia *Do Schools Kill Creativity?*, vista por millones de

---

[116] Harrison, Steven. (2002). *The Happy Child*. Sentient Publicatios. P. 48
[117] http://www.intermonet.com/biograph/autobigb.htm

DEFINIR EL HOMESCHOOLING

personas, es la siguiente:

> ...afirmo que todos los niños tienen tremendos talentos y los desperdiciamos implacablemente.[118]

No suprimamos a nuestros genios y veremos que, como afirma John Taylor Gatto, la solución a cómo manejar a una población de hombres y mujeres educados es simple:

> He llegado a la conclusión de que los genios son tan comunes como el polvo. Suprimimos la genialidad porque aún no hemos descubierto cómo manejar una población de hombres y mujeres educados. La solución, creo, es simple y gloriosa. Que se manejen solos.[119]

Sin comparar con nadie y honrando la unicidad de cada niño, dejemos que los genios sean tan comunes como el polvo. Al momento la educación en el hogar posibilita esto. En cambio la escuela no puede, por las razones que expone Todd Rose en su conferencia titulada The End of Average. Les aconsejo que vean la conferencia completa mas a continuación les comparto una explicación sumamente importante, de la voz de Rose:

> ¿Qué significa diseñar para un estudiante promedio? [...] Los estudiantes varían en muchas dimensiones del aprendizaje al igual que varían en las dimensiones de tamaño.
>
> [...] al igual que el tamaño, cada estudiante, cada uno de ellos, tiene un perfil de aprendizaje irregular. Es decir, tienen fortalezas, son promedio en algunas cosas. Y tienen debilidades. Todos lo tenemos. Incluso los genios tienen debilidades. Pero [...] si diseñas esos entornos de

---

[118] *Sir Ken Robinson: Do School Kill Creativity?*
https://www.youtube.com/watch?v=oDzNACJ9e40
[119] Gatto, John Taylor. (2010), *Weapons of Mass Instruction*. New Society Publishers. «Prólogo», p. xxiii

aprendizaje con base en lo promedio, es probable que los hayas diseñado para nadie.

Entonces, no es de extrañar que tengamos un problema. Hemos creado entornos de aprendizaje que, debido a que están diseñados para el promedio, no pueden hacer lo que esperábamos que hicieran, que es fomentar el potencial individual. Mas piensa en lo que realmente podría costarnos. Debido a que cada estudiante tiene un perfil de aprendizaje irregular, significa que el promedio perjudica a todos [...][120]

Ante la opción de educar en el hogar no tienes porqué usar como fuente de referencia para el progreso de tus hijos, una idea de lo que debe ser un estudiante promedio que en realidad no define a nadie. Es cada hijo su propia fuente de referencia. Puede que te resulte difícil superar los límites, dudas y temores que nos impone nuestra propia escolarización. No se trata de un camino fácil, pero la escuela hace que parezca más difícil de lo que realmente es. De acuerdo con Tony Wagner, profesor de pedagogía de Harvard y autor de varios libros de gran valor, entre ellos *Most Likely to Succeed*:

Suprimimos cada onza de la más audaz creatividad del salón de clases, reemplazándola con una marcha sin alma a través de currículos aburridos y de la preparación de exámenes desconectados de las habilidades.[121]

E. G. West, en su libro *Education and State/A Study in Political Economy*, realiza una interesante crítica a la idea de establecer expectativas uniformes a la enseñanza. Así lo plantea West:

Es bastante obvio que es imposible ahora terminar al

---

[120] https://www.youtube.com/watch?v=4eBmyttcfU4, 7m31s.
[121] Wagner,Tony. Dintersmith, Ted. (2016). *Most Likely to Succeed*. Scribner. p. 264

unísono. En otras palabras, donde hay desigualdad de potencial (habilidad), es de esperarse que haya desigualdad en el resultado. Si insistimos en que habrá igualdad de resultados, es de suponer que habremos de penalizar la habilidad.[122]

Me parece que todos sabemos que la idea de que todos aprendan lo mismo y a la vez, es una idea sin sentido. Los buenos maestros sufren bajo estas condiciones, pero la peor parte se la llevan los estudiantes.

Nunca fue realmente necesario, ahora menos, persistir la política de enseñanza forzada, del currículo de una sola talla para todos, que parte del «por si acaso». Ya no es necesario enseñar lo que no ha sido solicitado, por si en un futuro se pudiera necesitar. Hoy todo eso y mucho más está disponible de inmediato.

La dirección que va tomando la economía y el acceso cada día más vasto a saberes, mediante las posibilidades tecnológicas, coinciden con las ventajas que da el que los niños asuman un rol cada vez más activo y protagónico en su proceso de aprendizaje. Nos tenemos que inmiscuir menos mientras a la vez aumenta la eficacia de la ayuda, que podemos brindar los padres. Esto también favorece aún más que en otros tiempos que la familia se pueda encargar de la educación. Con la escuela dejas a tus hijos con extraños. Con la educación en el hogar cualquier servicio educativo externo lo tienes que aprobar tú y puedes finalizarlo al momento en que no se cumplan tus expectativas. Esa libertad no la tienes con la escuela, aun con el severo daño que pudiera estar ocasionándole a un hijo.

Tú estás tomando otro camino, el que no sólo sirve mejor al aprendizaje de tu hijo sino el que, a diferencia de la escuela, se ajusta a la realidad de estos tiempos y se origina en la mirada de

---

[122] West, E. G. (1994,). *Education and State/A Study in Political Economy*. Liberty Fund Inc.; 3rd Revised, Expanded ed. p. 68

tu hijo. Eso no es poca cosa. Alinear la experiencia de aprendizaje de un hijo con la naturaleza misma de este, y con la tesitura[123] de los tiempos que le ha tocado vivir, es lo que tu poderosa decisión logra. El mundo no puede sobrevivir si no se reconcilia consigo mismo, a través de la reconciliación con su condición humana en su estado de mayor indefensión: la niñez.

---

[123] Tesitura: Combinación de factores y circunstancias que caracterizan una situación en un momento determinado.

CORRIGIENDO EL CURSO

Educar en el hogar permite dejar en manos de los niños aquello de lo que nunca debimos haberlos despojado: su rol protagónico como seres que nacen con todo lo necesario para aprender. Permite devolver a los niños la libertad de ser ellos mismos, de que vuelvan a crear y dirigir sus estructuras de juego, y de disfrutar enormemente de todo el caudal de aprendizajes que se da cuando se les deja ser y no se interfiere indebidamente.

Otra ventaja es que puedes posponer aprendizajes para cuando tus hijos estén listos. No tengas prisa, sobre todo si tus hijos son pequeños. Ya el pionero estadounidense en educación, Louis P. Benezet, lo había propuesto en 1929. Refiriéndose en su artículo particularmente a las matemáticas y, ya casi a un siglo de distancia, Benezet planteó lo siguiente:

> En primer lugar, me parece que perdemos mucho tiempo en las escuelas primarias, luchando con cosas que deberían omitirse o posponerse hasta que los niños necesiten estudiarlas. Si por mí fuera omitiría la aritmética durante los primeros seis grados. Permitiría que los niños practiquen el cambio con dinero de imitación, si lo desean, porque fuera del cambio, ¿dónde más tiene que usar la aritmética un niño de once años? Creo que es una tontería tomar ocho años para hacer que los niños pasen a través de la aritmética ordinaria de las

escuelas primarias. ¿Qué posibles necesidades tiene un niño de diez años para conocer la división larga? Todo el tema de la aritmética podría posponerse hasta el séptimo año de escuela, y lo podría dominar en dos años cualquier niño normal.[124]

Benezet no culpaba ni a los niños ni a los maestros. En cuanto a las matemáticas, le imputaba las dificultades a la introducción formal a una edad demasiado temprana. Prácticamente se repite el problema con todas las materias y por la misma razón.

Ante la crisis que provoca la escuela y que le imputa injustamente a los niños que no cumplen con las expectativas arbitrarias como las que llegó a identificar Benezet, nos hacemos eco de las palabras de John Holt. Las mismas fueron expresadas hace medio siglo atrás, en su libro, El fracaso de la escuela. Aquí están, para tu tranquilidad, a la hora de dar de baja de la escuela a un hijo para hacer *homeschooling*:

> Los padres no están obligados a demostrar que pueden proporcionarle una educación perfecta en lugar de la nefasta que les suministra la escuela. Hay un principio jurídico fundamental que dice que si demostramos que se está cometiendo algún mal, no estamos obligados a decir qué se debe hacer en su lugar para poder insistir en que se impida.[125]

Si vieras a un niño en medio de la calle por donde transitan vehículos frenéticos a alta velocidad, no tienes que contar con un plan para sacarlo del peligro. Reaccionas sin pestañear. Si las escuelas amenazan el presente y el futuro de tu hijo, igual aplica

---

[124] Benezet, L. P. (1991) "The Teaching of Arithmetic: The Story of an Experiment," *Humanistic Mathematics Network Journal*: Issue 6, Article 4. Available at: https://scholarship.claremont.edu/hmnj/vol1/iss6/4

[125] Holt, John. *El fracaso de la escuela*. Alianza Editorial. 1968, p. 77

la necesaria premura en reaccionar.

Tony Wagner termina su libro, *Most Likely to Succeed*, describiendo el terrible estado en que se encuentran las escuelas en Estados Unidos. Esta descripción aplica a Puerto Rico:

> Hoy nuestro sistema educativo se ha convertido en la pesadilla americana. Suprime la alegría de aprender de cada niño y maestro. Las aulas pasan a través de rutinas interminables que no tienen nada que ver con las habilidades de la vida. Nuestros formuladores de políticas educativas carecen de visión y perspectiva, y priorizan las necesidades de una versión obsoleta de "rendir cuentas", no el interés a largo plazo de nuestros hijos. Para millones de jóvenes estadounidenses, la escuela es donde mueren sus esperanzas de una vida significativa, en vez de ser el lugar donde cobran vida.[126]

Los padres tienen la enorme ventaja de que no hay quien conozca mejor a sus hijos que ellos. Nadie como los padres desean y están dispuestos a sacrificarse incondicionalmente por el bienestar de sus hijos. Históricamente fueron los padres los que alfabetizaron a sus hijos en Estados Unidos. El surgimiento de la escuela obligatoria no se podía justificar porque los niños del país no estuvieran educados. En su libro, *Unschooling*, Kerry McDonald afirma que aunque muchos de nosotros creemos el mito de que el catalizador[127] de la escolarización obligatoria universal fue que el analfabetismo estaba muy extendido a principios del siglo XIX,

> las tasas de alfabetización eran bastante altas en todo Estados Unidos antes de la escolarización obligatoria.[128]

---

[126] Wagner, Tony. Dintersmith, Ted. (2016). *Most Likely to Succeed*. Scribner. p. 265
[127] Catalizador: Dicho de una persona o de una cosa: Que estimulan el desarrollo de un proceso.
[128] McDonald, Kerry. (2019) Unschooling. Chicago Review Press., P.8

Toma en cuenta que esa relación de amor incondicional, combinada con el impulso dinámico por aprender de los niños, y la confianza incondicional en ellos, comenzó a manifestarse desde la llegada de estos a nuestras vidas. Con ello dio inicio a un proceso de aprendizaje en el que has estado participando activamente.

¡Técnicamente comenzaste a hacer *homeschooling* desde el nacimiento de tu primera cría!

LA EDUCACIÓN COMENZÓ EN CASA

En el siguiente comentario Linda Dobson explica cómo hemos estado educando en el hogar desde que nacieron nuestros hijos:

> ¿Has ayudado a tu hijo a jugar a las palmitas, a cantar la canción del ABC, a amarrarse el lazo de un zapato? ¿Has guiado a tu hijo hasta que su fuerza interior le llevó a caminar, hablar, alimentarse por sí mismo? La verdad es que cualquier padre reflexivo "educa en el hogar" mucho antes de que su hijo ponga un pie ante la puerta de la escuela. La única razón por la que no solemos pensar en estos términos es porque hemos sido condicionados a creer que existe un lugar específico para ir a una hora determinada, para ser enseñados por personas concretas, que han sido "certificadas" para hacerlo.[129]

Ya empezaste la educación en el hogar, incluso si no lo llamabas así. La educación en el hogar, cuando nunca se ha ido a la escuela, es una continuación ininterrumpida del acto natural de aprender, que desde un principio se da en el contexto de una cultura y una comunidad. Cuando el niño nunca fue a la escuela no se interrumpe el autoaprendizaje fluido, dinámico, que parte de la observación del niño, de lo que parece deseoso por conocer

---

[129] https://www.homeschool.com/advisors/dobson/

del mundo que le rodea. No se interrumpe un proceso que va madurando y cuya finalidad es que alcance sus metas propias, paso a paso, a un ritmo que armonice con sus posibilidades.

El escritor italiano de hermosos cuentos fantásticos para niños, Gianni Rodari, en un libro que fue uno de nuestros predilectos durante la infancia, titulado Gramática de la Fantasía, expresa lo siguiente en torno a la participación de la madre en el desarrollo del lenguaje del niño:

> La madre, sobre todo, jamás se cansa de hablarle al niño, desde las primeras semanas de vida, como para mantenerlo protegido en un regazo de palabras tiernas y cálidas.[130]

Aparte del enlace afectivo y la seguridad que ofrece a su bebé, Rodari explica que otras cosas están ocurriendo:

> Hablando al niño que aún no la comprende, la madre hace igualmente algo útil, no sólo porque le ofrece su compañía, su presencia proporcionadora de protección y calor. Sino también porque busca alimentos para su "hambre de estímulos".[131]

En su libro *School Can Wait*, los doctores Raymond y Dorothy Moore plantean lo siguiente:

> Un apego que asegure la estabilidad del niño también hace posible que eventualmente se separe de la figura del apego sin traumas ni protestas, especialmente a medida que adquiere experiencia y se vuelve cognitivamente capaz de manejar el hecho de la separación. [...] Es más probable que un niño proteste por la separación cuando la interacción con los padres, en este caso con la figura

---

[130] Rodari, G. (2002). *Gramática de la Fantasía*. Booket. p. 133

[131] Rodari, Gianni. (2002). *Gramática de la Fantasía*. Booket. p. 134

paterna, ha sido limitada. Los niños que habían experimentado una interacción frecuente con ambos padres pudieron aceptar la separación con menos perturbación. [...] los niños que interactúan con frecuencia con ambos padres tienen una mayor variedad de experiencias en un entorno estable y, por lo tanto, son cognitivamente precoces. Esto les permite aceptar el hecho de la separación con más seguridad.[132]

El autoaprendizaje lleva a la conquista del habla de un bebé. La familia puede brindar un contacto íntimo, vital para el desarrollo de los niños. Mediante un entorno seguro y respetuoso, la educación en el hogar puede establecer desafíos que sean alcanzables, mientras se pueden evitar experiencias de aprendizaje tan simples que aburran. Se potencia un ecosistema único e indispensable para el desarrollo de una vida plena.

No hay que apresurar a los niños. La naturaleza tiene su ritmo.

PARA PELEAR SE NECESITAN TRES

Algunos padres piensan que no podrían hacer *homeschooling*. Se les hace difícil apenas cumplir con la función de velar porque sus hijos satisfagan las demandas impuestas por la escuela, imagínate tener que encargarse del rol que profesionales se supone cumplan en la escuela. Las discordias cotidianas que surgen cuando los padres tratan de hacer que sus hijos completen sus tareas, pueden desalentar en algunos cualquier asomo vago de la idea de hacer *homeschooling*. A simple vista parecería que para pelear se necesitan dos, pero en sí para pelear se necesitan tres.

Los padres puede que estén haciendo enormes sacrificios para que sus hijos vayan a un buen colegio y ven como una ingratitud que sus hijos pongan resistencia a hacer sus

---

[132] Moore, Raymond, Moore, Dorothy. (1979). *School Can Wait*. Hewitt Research Foundation. p. 33

asignaciones. Ocurre también con familias cuyos hijos van a escuelas públicas.

La madre llega cansada del trabajo y sus hijos no parecen agradecer su esfuerzo, dispuesta a sacrificarse y a sentarse a la mesa para ayudarles. Por otro lado los hijos están hastiados. Han dedicado todo el día a la escuela. La escuela, no obstante, los persigue hasta la casa con asignaciones, les priva de tiempo personal, invade la intimidad de su hogar, y confisca su vida, su tiempo de ocio, de compartir con la familia y con amigos. Impide a veces la socialización con la familia porque tienen que quedarse en casa haciendo las asignaciones y perderse la fiesta de cumpleaños de la prima o de la abuela.

Ni los padres ni los niños saben que las asignaciones no cuentan con evidencia científica que las justifiquen[133], pero andan disgustados entre sí. En este caso es la escuela la que crea la discordia entre las partes.

Educación en el hogar —la misma frase lo sugiere— es una experiencia basada y centrada en el lugar donde vive el niño. No significa necesariamente que la educación se traslade de la escuela al comedor de la casa, o a un espacio de la casa habilitado en forma de salón de escuela. Significa que la casa es el centro de operaciones. Pero el espacio y el tiempo para el aprendizaje no conoce límites.

Cuando das de baja de la escuela a tu hijo las posibilidades de sanar heridas y restaurar un espíritu de convivencia en familia aumentan dramáticamente. El aprendizaje se libera de las cadenas de la enseñanza forzada y de las asignaciones que extienden los tentáculos de la escuela hasta el hogar. Los niños, abatidos por exigencias escolares que tienen poco que ver con desarrollar

---

[133] Para más información al respecto pueden leer *The Homework Myth : Why Our Kids Get Too Much of a Bad Thing*, de Alfie Kohn y *The Case Against Homework, How Homework Is Hurting Our Children and What We Can Do About It*, de Sara Benett y Nancy Kalish.

habilidades prácticas y sabiduría profunda, y mucho que ver con desarrollar soldados obedientes para satisfacer las necesidades de un modelo de economía que ya no existe, recobran la confianza en sus padres. Se revierte el efecto que ha tenido la escuela en trastornar la dinámica familiar y en abusar del tiempo de los niños con ejercicios fútiles, como lo son las asignaciones.

Una descripción de lo que ha implicado la escolarización forzada la ofrece Everett Reimer en su libro La Escuela ha Muerto. Así lo expone el autor, y amigo de Iván Illich:

> De no ser por la escuela, el cuidado del niño en la familia moderna correría exclusivamente a cargo de la madre. Por tanto, las escuelas contribuyen a liberar a la mujer moderna, sólo que encarcelando a su hijo y encadenando aún más a ella y a su cónyuge a sus empleos, para que así puedan mantener a su vez a las escuelas. Las mujeres necesitan evidentemente no sólo la liberación que les proporciona la escuela sino mucho más. Sin embargo, los niños y los hombres también necesitan liberarse. Lo cual también es válido para todos los que sufren algún tipo de discriminación. Cada grupo debe formular sus propias exigencias y librar sus propias batallas pero, a menos que unan además sus fuerzas a las otras, sólo ganarán batallas aisladas pero jamás la guerra.[134]

En estos días el cuidado puede recaer en el padre. Puede que la madre trabaje fuera del hogar y que el padre trabaje desde el hogar. En este sentido la posibilidad de un aumento en la libertad puede ser compartida. Lo importante, desde la perspectiva de la educación en el hogar es que se deshacen de la fuente de la discordia y a la vez se inicia un auténtico proceso de aprendizaje que parte del respeto entre los implicados.

Cuando afirmamos que la educación en el hogar tiene la

---

[134] Reimer, Everett. (1981). *La escuela ha muerto.* GUARDARRAMA/Punto Omega p. 30

ventaja de poder honrar el impulso natural de los niños por aprender, algunos padres podrían cuestionarse semejante reclamo, porque lo que han visto es a niños desmotivados en la escuela y en sus casas, que no quieren «aprender». Pero no es cierto. En la siguiente observación, contenida en su libro, Learning All the Time, John Holt lo aclara:

> Es verdad, en cierto modo, y engañoso, en cierto modo, que los niños quieren aprender. Sí quieren, pero en la forma en que quieren respirar. Aprender, así como respirar, no es un acto de voluntad para los niños. No piensan: «Ahora voy a aprender esto o aquello.» Está en su naturaleza mirar hacia su entorno para asumir el mundo con sus sentidos, y para hacer sentido de él, sin saber en absoluto cómo lo hacen, ni siquiera que lo están haciendo. Uno de los mayores errores que cometemos con los niños es hacerles conscientes de su aprendizaje, lo que provoca que empiecen a preguntarse, «¿Estoy aprendiendo o no?» La verdad es que cualquier persona que esté VIVIENDO realmente, exponiéndose a la vida y recibiéndola con energía y entusiasmo, está aprendiendo a su vez. Cuando empiezan a ver el mundo como un lugar de peligro del que deben aislarse y protegerse a sí mismos, cuando comienzan a vivir menos libres y plenamente, es cuando el aprendizaje se muere.[135]

En la medida que la experiencia de educar en casa avanza vas a ir confirmando que, para pelear, se necesitaban tres. El tercero, el que incitaba, el que creaba la discordia entre padres e hijos, en la medida en que le restes importancia y en la medida en que la escuela se convierta en una referencia perfecta a no seguir, ya no tendrá fuerza que sabotee el aprendizaje de tus hijos.

Seguramente vayas a ver una mayor disposición para un

---

[135] Holt, John.(1989). *Learning All the Time.* Da Capo Press. p. 138

aprendizaje, ya sea producto del azar o ya se trate de un aprendizaje propuesto y consentido. Va a ser más orgánico, dinámico, va a girar alrededor del que aprende como eje central, no del que enseña. Esto debe darte la confianza que tal vez al principio faltaba, porque ese tercer personaje que causaba la discordia, dejó de rondar sus vidas.

NI FÁCIL NI DIFÍCIL

John Taylor Gatto afirma que la idea de dar a los hijos en adopción parcial a extraños, para ser educados, fue considerada una idea descabellada entre las familias que, por primera vez, se hallaron presionadas a cumplir con leyes de escolarización forzada. Ocurrió en el estado de Massachusetts. Así lo explica Gatto, en su libro *Dumbing Us Down: The Hidden Curriculum of Compulsory Schooling*:

> Nuestro sistema de escolarización obligatoria es un invento del Estado de Massachusetts hacia 1850. Fue resistido —a veces hasta con las armas por un considerable 80% de la población de Massachusetts— con un último reducto en Barnstable en Cape Cod que no entregó a los niños hasta la década de los 1880, cuando la localidad fue asediada por el ejército y los niños marcharon a la escuela escoltados.[136]

Cuando los *homeschoolers* necesitamos algún experto, un maestro de guitarra, un productor de teatro, un maestro de programación, etc., lo conseguimos. No nos dejamos llevar necesariamente por sus credenciales sino por sus habilidades, su capacidad de transmitirlas y sus resultados. Además contamos con una infinidad de posibles ayudas efectivas a través de Internet.

Nuestro hijo Dylan lleva varios años tomando clases de bajo

---

[136] Gatto, J. T. (2002). *Dumbing Us Down: The Hidden Curriculum of Compulsory Schooling*. New Society Publishers. p. 22

con Frankie Meltz, un maestro extraordinario que tocaba con Tony Croatto[137], a quien tuve el honor de conocer y de cantar en una ocasión. Además ha tomado clases de piano, violín y batería con el mismo maestro. Ha tomado clases virtuales con el virtuoso del bajo John Ferrara.[138] También ha tomado clases de bajo con Clay Gober[139], bajista de la banda de rock progresivo instrumental, Polyphia. Dylan y Bianca son artistas extraordinarios del dibujo. Ambos estudiaron en la Liga de Arte[140], un lugar sumamente especial para la creatividad, que debería multiplicarse a través de toda la isla y del mundo.

Gatto coincide con Iván Illich, quien décadas atrás había planteado lo siguiente en su libro Sociedad Desescolarizada[141]:

> A los niños les corresponde estar en la escuela. Los niños aprenden en la escuela. A los niños puede enseñárseles solamente en la escuela. Creo que estas tres premisas, no sometidas a examen, merecen ser seriamente puestas en duda.

Los padres que asumen el proceso de aprendizaje de sus hijos verán que sus esfuerzos rinden buenos frutos. No se supone que lo hagas todo. Hoy más que nunca los recursos son exuberantes, muchos gratis y otros que pueden ser una inversión que rinda enormes frutos. Además, seguramente que si dejas de usar a la escuela como modelo a seguir, se va a incrementar el nivel de libertad y responsabilidad del que aprende, ante su proceso de aprendizaje. Asumirá un rol protagónico mientras tu participación se reduce y a la vez se optimiza. Así cada niño que seguramente sentirá la plenitud que se vive cuando se aprende genuinamente. EL aprendizaje real se da cuando el que aprende se hace cargo de aprender, no lo que se le quiere forzar a enseñar

---

[137] https://prpop.org/biografias/tony-croatto/
[138] https://www.youtube.com/watch?v=xVw2fQ10Kkk
[139] https://www.youtube.com/watch?v=WTCG3ZOxaBI
[140] https://www.ligadeartesj.org
[141] Illich, I (2015). Iván Illich *Obras Reunidas I*. Fondo de cultura económica. p. 214

sino aquello que está dispuesto a aprender, porque le haya sentido. No es fácil. No es difícil. Es posible y vale la pena.

LA ESCUELA: ¿UN MAL NECESARIO?

Se le atribuye a Mahatma Gandhi la siguiente frase:

> No hay escuela que iguale un hogar decente y no hay maestro que iguale unos padres virtuosos.

Esta cita cobra más fuerza ante la debacle que sufre el modelo escolar, dirigida por expertos y con un presupuesto de billones, en contraste con el éxito de los niños que aprenden sin escuela, centrado en quien aprende y con la ayuda «inexperta» de sus padres; con recursos muchas veces hasta gratuitos. Parece prevalecer la idea de que aun cuando la escuela pueda ser una pesadilla para un niño, se trata de un mal necesario, de un rito de paso, porque la vida no siempre va a ser placentera. Es una desafortunada falacia. En su libro *Teach Your Own*, John Holt plantea un argumento que contradice esta suposición:

> ...Tu interés, hasta donde puedas, es ayudar a que desarrollen su potencial humano, y hacia ese fin contribuyes con tanto como puedas de bien en sus vidas, y mantienes a raya tanto como puedas de lo malo. Si piensas —como consta— que la escuela es dañina, entonces queda claro lo que debes hacer.[142]

Es tu derecho y tu asunto propio, como padre, cobijar y proteger a tus hijos ante la adversidad, al menos tanto como puedas. Muchos de los niños del mundo pasan hambrunas o están mal nutridos, pero no harías que tus hijos pasaran hambruna para que sepan lo que es eso.

En su libro *Learning All the Time*, John Holt plantea lo

---

[142] Holt, John. (2003). *Teach Your Own*. A Merloyd Lawrence Book, Perseus Publishing. p. 54

siguiente:

> En las escuelas se presume que los niños no están interesados en aprender y que no son buenos aprendiendo, que no van a aprender a menos que se les haga aprender, que no van a aprender a menos que se les muestre cómo, y que la manera de hacer que aprendan es dividir el material preciso en una secuencia de pequeñas tareas para que sean dominadas una a la vez [...] y cuando este método no funciona, las escuelas presumen que hay algo con malo con los niños —algo que debe ser diagnosticado y tratado—.[143]

Iván Illich nos ayuda a entender estas contradicciones aparentemente inexplicables entre lo que se cree debe ser la función de la escuela y lo que realmente hace. Así lo explica Illich:

> La escuela es una institución construida sobre el axioma de que el aprendizaje es el resultado de la enseñanza. Y la sabiduría institucional continúa aceptando este axioma, pese a las pruebas abrumadoras en sentido contrario. Todos hemos aprendido la mayor parte de lo que sabemos fuera de la escuela. Los alumnos hacen la mayor parte de su aprendizaje sin sus maestros, y, a menudo, a pesar de éstos.[144]

De acuerdo con la directora del documental, *Schooling the World*, Carol Black, lo que se define como la «ciencia del aprendizaje», desde la perspectiva de la escolarización, no tiene que ver con cómo aprendemos sino con cómo se enseña en la escuela.[145] Es una de las razones por las que favorecemos que la

---

[143] Holt, J. (2003). *Learning All the Time*. Da Capo Lifelong Books; First Paperback Edition. pp. 151-152
[144] Illich, Iván. *Obras Reunidas I; Sociedad desescolarizada*. Fondo de Cultura Económica. p. 217
[145] http://carolblack.org/a-thousand-rivers

educación en el hogar no sea regulada: estaríamos sujetos a los parámetros errados que usa la escuela. En cambio tenemos esa ventaja enorme a favor del aprendizaje de nuestros hijos.

MATEMÁTICAS

En su libro, *Free Range Learning*, Laura Grace Weldon relata que, para su investigación, en relación al aprendizaje de los niños, Benezet —a quien hicimos referencia anteriormente— eligió cinco salones de clase, en distritos donde la mayoría de los estudiantes eran de hogares de inmigrantes. Los padres hablaban poco inglés. Benezet no consideró, para su experimento, distritos donde padres con mayores habilidades en inglés y educación superior se habrían opuesto. En el salón experimental los niños fueron expuestos a las matemáticas normales que se dan en el diario vivir, en lugar de cubrir lo que la escuela cubre en sus currículos estándares. Nos indica Weldon que estos estudiantes aprendieron cosas útiles, prácticas y de interés, como lo es decir la hora y darle seguimiento a las fechas en el calendario. Jugaron con dinero de juguete, tomaron parte en juegos en los que se usan números, y cuando los términos de dimensión como «mitad», «doble» o «más estrecho» o «más ancho» surgieron, de manera casual, se discutieron, los comprendieron, los aprendieron. Según informa Weldon, en lugar de matemáticas el énfasis estaba en el lenguaje y la composición. Al parecer los niños aprendían felizmente, en un ambiente relajado y divertido. No estaban sujetos a batirse ni abatirse con enseñanzas fútiles, sin aplicaciones prácticas en ese momento de sus vidas, como la división larga. Seguramente que lo habrían de aprender cuando se hicieran tan pertinentes en sus vidas como lo era saber decir la hora y reconocer las fechas en el calendario, en el momento del experimento.

Prosiguiendo con la explicación de los hallazgos del experimento, Weldon nos informa lo siguiente:

Al final del primer año escolar, Benezet informó que el

> contraste entre los estudiantes experimentales y los estudiantes enseñados tradicionalmente era notable. Cuando visitó los salones de clase para preguntar a los niños sobre lo que estaban leyendo, describió a los estudiantes sometidos a la enseñanza tradicional como vacilantes, avergonzados e inseguros. "En un cuarto grado, no pude encontrar a un solo niño que admitiera que había cometido el pecado de leer". Los estudiantes en el salón experimental estaban ansiosos por hablar sobre lo que habían estado aprendiendo. En esos salones podía transcurrir una hora en la que aún había más niños ansiosos por hablar.[146]

Otro ejercicio interesante que realizó Benezet fue colgar una reproducción de una pintura muy conocida y pidió a los niños que escribieran cualquier cosa inspirada en el arte. Weldon menciona que apareció otro contraste obvio:

> Cuando mostró los diez mejores documentos de cada salón a los maestros de séptimo grado de las ciudades, notaron que una serie de documentos mostraba una madurez y dominio del idioma mucho mayores. Observaron que el primer conjunto de escritos contenía un total de 48 adjetivos. Se destacaban adjetivos como lindo, bonito, azul, verde y frío. El segundo grupo de escritos contenía 128 adjetivos, incluyendo entre estos: magnífico, impresionante, único y majestuoso. Cuando se les pidió que adivinaran de qué distrito provenían los escritos todos los maestros pensaron que los estudiantes que escribieron los mejores papeles eran de las escuelas donde los padres hablaban inglés en el hogar. De hecho, era todo lo contrario. Los alumnos de escritos magistralmente superiores fueron los de sus clases experimentales.[147]

---

[146] Weldon, Laura Grace. (2010) Free Range Learning. Hohm Press. p. 25
[147] Weldon, Laura Grace. (2010) Free Range Learning. Hohm Press. p. 25

Los resultados de Benezet se parecen a los que vemos entre niños educados en el hogar. Los buenos resultados del trabajo de Benezet, aún en nuestros días, contrastan radicalmente con los resultados pobres y recurrentes de la experiencia escolar tradicional. Benezet llega a la conclusión siguiente, hace casi un siglo atrás:

> Durante algunos años había notado que el efecto de la introducción temprana de la aritmética había sido embotar y casi cloroformar[148] las facultades de razonamiento del niño.[149]

Termina el relato de Weldon en torno a Benezet haciendo referencia al artículo sobre el que se basan sus observaciones, a la decepcionante actitud de la escuela ante sus hallazgos. En contraste, Weldon advierte cómo los *homeschoolers* pueden poner y ponen en práctica sus buenos resultados.

> En 1936, el Diario de la Asociación Nacional de Educación publicó el artículo final de Benezet.[150] Sus resultados mostraron los claros beneficios de reemplazar la instrucción matemática formal con las matemáticas que ocurren de manera natural, al tiempo que ponen un mayor énfasis en la lectura, la escritura y el razonamiento. La revista exhortó a los educadores a considerar cambios similares. Como sabemos, las escuelas se fueron en la dirección opuesta. Sin embargo, los educadores en el hogar pueden tomar fácilmente este curso natural, conscientes de que los conceptos pueden entenderse fácilmente en magnitudes menores y así avanzar en pos de aprendizajes más complejos pero obtenibles, tal como Benezet había demostrado.[151]

---

[148] Cloroformo: Líquido incoloro, de olor fuerte y característico, que se usaba antiguamente como anestésico por inhalación.
[149] Weldon, Laura Grace. (2010) Free Range Learning. Hohm Press. p. 25
[150] http://www.inference.org.uk/sanjoy/benezet/
[151] Weldon, Laura Grace. (2010) Free Range Learning. Hohm Press. p. 26

Tú puedes tomar la ruta del sentido común, a través de la educación en el hogar.

ESTÁN LISTOS CUANDO LO ESTÁN

En uno de los libros de John Taylor Gatto titulado *The Underground History of American Education*, se expone el fallo de la escuela en su manejo de la enseñanza de la lectura. Así lo expone Gatto en el siguiente párrafo:

> David aprende a leer a los cuatro años, Rachel a los nueve. En un desarrollo normal, cuando ambos han alcanzado los trece años de edad, no se puede decir quién aprendió primero: los cinco años de diferencia no significan nada en absoluto. Pero en la escuela etiqueto a Rachel como "incapacitada para aprender" y también hago perder velocidad a David. A cambio de un cheque de nómina, ajusto a David para que dependa de mí para decirle cuándo tiene que marchar y cuándo tiene que parar. No superará esa dependencia. Identifico a Rachel como mercancía de descuento, pasto de "educación especial". Estará para siempre atrapada en su sitio.[152]

Educar en el hogar posibilita que nuestros hijos aprendan a leer cuando estén listos para hacerlo. Un niño educado en el hogar que comienza a leer, digamos, a los once años de edad, puede que al alcanzar sus quince o dieciséis años de edad haya leído el doble o más de lo que leen muchos estudiantes de escuela de la misma edad.

Uno puede pensar que si no se les obliga a que aprendan a leer a una edad específica, no aprenden. Sin embargo parece que hemos logrado lo contrario, causar repudio a la lectura mediante su

---
[152] Gatto, John Taylor. (2006). *The Underground History of American Education*. Oxford Village Press. p. xxvi
[153] Shank, R. (2016). *Education Outrage*. Constructing Modern Knowledge Press.

imposición y generar una alarmante cifra de analfabetas funcionales. Es importante entender lo que afirma Roger Schank, visionario en la inteligencia artificial y autor de *Education Outrage*:[153]

> El aprendizaje ocurre cuando alguien quiere aprender, no cuando alguien quiere enseñar.[154]

Un ejemplo interesante que demuestra el éxito de la lectura sin presión es el de Grant Colfax. Este *homeschooler* comenzó a leer a los nueve años y ya a los diez era un lector voraz.

El aprendizaje sin coerción, mediante el juego, implica exploración, descubrimiento, invención e imaginación. El aprendizaje se desata de forma dinámica y orgánica, y gravita en torno al que aprende, no en torno a quien enseña. Implica acceso y disfrute de un vasto universo de conocimientos fundamentales, no sólo para el desarrollo del niño sino para el devenir de un espíritu sensible y autodeterminado.

Que cada niño pueda armar sus propios estructuras de juego nos da una idea de una creatividad extraordinaria. Que cada niño pueda disfrutar de una ecología que eleve su sentido de libertad y responsabilidad, que pueda hallarse cómodo consigo mismo, al poder disfrutar de ratos de soledad creativa y de sociabilidad, en el marco de una comunidad respetuosa y viva. Una comunidad que comparta su conocimiento, contribuya enormemente en el desarrollo pleno de un niño. Este parece haber sido el caso de Grant, quien ingresó a la Universidad de Harvard y estudió medicina. El éxito de Grant se dio junto a padres que no eran académicos. Ninguno se destacaba en ciencias físicas ni en matemáticas, como su prodigioso hijo.

Para que la educación en el hogar sea exitosa lo más importante es el deseo de emprender el viaje, el compromiso y la capacidad de observar y de aplicar el sentido común. El

---

[154] https://www.rogerschank.com

aprendizaje es un estado continuo del ser. Cuando se educa en el hogar, el aprendizaje, como experiencia íntima y personal, solitaria a la vez que plenamente realizada en el entorno social, se da en medio de una comunidad que tiene su punto de encuentro primario en la familia. De ahí se va extendiendo. Su alcance actual parece no tener límites. Parafraseando a Roger Schank, el aprendizaje ocurre cuando alguien quiere aprender, no cuando alguien quiere enseñar.

¡URGENTE! ¡CURRÍCULOS!

Al iniciar la aventura de la educación en el hogar te sugeriero que no salgas ansiosamente a buscar currículos, como si se tratara de una emergencia nacional. Lo que a la escuela le toma más o menos doce años en cubrir, al *homeschooler* le puede tomar mucho menos en descubrir. Al usar currículos puedes ajustarlos a conveniencia del ritmo óptimo de aprendizaje de tu hijo en lugar de ajustarlo a él arbitrariamente al currículo de una sola talla.

Como bien señala la veterana *homeschooler* y escritora, Linda Dobson:

> Tu observación de las necesidades y deseos, junto con la confianza en tu amor y en el impulso innato de tus hijos por aprender, cubren con creces las habilidades descritas en el currículo de cualquiera. El resultado final, no importa dónde tus hijos "aprendan" es que tú, como madre (o padre), eres responsable de su educación. Pero con la educación en el hogar también se le proporciona una oportunidad adicional, muy importante para ti y para tus hijos: el tiempo juntos es necesario para construir fuertes lazos familiares y compartir los valores de la familia. Aprende a observar a tus hijos y las señales que dan de estar listos, de tener el deseo y el enfoque preferido para el aprendizaje y esto le servirá bien, no sólo en el presente, sino también en el futuro.[155]

¡URGENTE! ¡CURRÍCULOS!

Sandra Dodd, autora de The Big Book of Unschooling, propone unas excelentes recomendaciones para quienes se inician en la aventura de educar en el hogar. Considera los siguiente consejos:

> No gastes dinero al principio. Lee, conoce a otras familias, deja que tus hijos gocen de tiempo para hacer lo que les interesa, o lo que no se les permitía hacer antes debido a la escuela. Si quieren leer o jugar en el patio o correr bicicleta o ver películas o dibujar o pintar o jugar juegos, haz que sea posible.
>
> Mientras los niños se están recuperando, los padres pueden aprender sobre lo que estos prefieren hacer, por qué y cómo. Actualmente hay más información en línea sobre educación en el hogar de lo que nadie pudiera leer. Encuentra a los escritores y las ideas que tengan sentido para ti, y trabaja a partir de eso. No te precipites por nada. Los padres deben aprender a estar tranquilos y reflexivos en lugar de asustados y reactivos. Es mejor para la salud y la toma de decisiones, y sirve de buen ejemplo para los niños. No vivas con miedo cuando puedes vivir con alegría.[156]

El currículo tiene mucho que ver con el modelo de fábrica de la escuela. Sandra Dodd lo plantea como sigue a continuación:

> Con base en el éxito de las líneas de ensamblaje de Winchester y Ford, las escuelas estadounidenses querían tener piezas intercambiables para que los niños que se mudaran a otro distrito o estado aún pudieran "recibir una educación". Si todos los alumnos de tercer grado estuvieran aprendiendo lo mismo en todos sus cursos, entonces un alumno de tercer grado podría pasar de una

---

[155] https://www.homeschool.com/advisors/dobson/

[156] https://sandradodd.com/beginning

línea de montaje a otra. Este plan nunca funcionó del todo, porque los estados y los distritos siempre modifican sus cursos, porque una maestra ama la poesía y otra prefiere la prosa, por lo que incluso los niños en la misma escuela no aprenden las mismas cosas.[157]

El currículo es la plataforma desde la que se construye el sistema de calificaciones en la escuela. Ese sistema de calificaciones gira alrededor de una escasez artificial de premios. La A y la B tienen que estar racionadas porque si abundaran, si hubiesen tantas que hasta se pierden, como agua que discurre copiosamente de un tubo roto, perderían también valor. Prácticamente una A se vuelve un fin en sí misma, y le resta valor al aprendizaje genuino.

Un estudiante puede tener buenas notas y haber aprendido muy poco. Todo ello siguiendo con rigor y cumpliendo con las exigencias de los currículos, diseñados para satisfacer el ordenamiento escolar. Creo que es muy importante destacar la diferencia práctica entre un currículo diseñado para una escuela de la era industrial versus lo poco práctico, y hasta dañino, de forzar ese tipo de currículo a una experiencia de educación sin escuela, sobretodo a niños de estos tiempos, con acceso a un universo de conocimientos instantáneos, que rebasan las posibilidades de la escuela.

En muchas ocasiones la frustración que sufren padres que comienzan a educar en el hogar, porque presumen que sus hijos no quieren estudiar, tiene mucho que ver con que han exportado uno de los peores rasgos del sistema escolar a la casa: el uso de currículos de una sola talla, al estilo escuela. No debe sorprendernos que si nuestros hijos consintieron salir del sistema escolar, que los tenía frustrados y embotados, quieran volver a la escuela porque sus padres se llevaron a la escuela y sus desaciertos a casa. Sin embargo están tan cerca de cruzar el río

---

[157] Dodd, Sandra. (2009). *Big Book of Unschooling*. p.110

pero el miedo de estar perjudicando a sus hijos, por no seguir el ejemplo de la escuela, les puede llevar a flaquear, a dudar, y a veces a devolver a sus hijos a la escuela. Ante este riesgo Sandra Dodd advierte lo siguiente:

> Cuando los padres desean traer la escuela a casa, mediante la compra de un currículo y de "escolarizar", también traen a casa muchos de los problemas de la escuela. Si esos métodos funcionaran, estarían funcionando para todos los estudiantes de escuela.[158]

Vale la pena un cambio radical de enfoque en torno a cómo proceder con el aprendizaje sin escuela. No vas a necesitar notas ni currículos al estilo escuela. Si tuvieras que preparar una transcripción de créditos ¿por qué no habrías de darle una A en cada materia, sea académica o de otra índole? Se supone que al ir al ritmo de cada hijo y permitir que corrija errores hasta lograr pleno dominio, no necesites nada de notas. Al menos le puedes dar todas A, si se trata de información que te están pidiendo, en forma de transcripción de crédito. Jugar con la B, la C, D, o F, para crear la falsa impresión de que la experiencia en casa es como la escuela, no ayuda a nadie. Es un engaño para nuestros hijos, una forma de autoengaño para uno, y una oportunidad perdida de crear conciencia a la institución que estén considerando para la admisión de tu hijo.

Lo ideal es escapar enteramente de todo aquello que lleva a la escuela a fallarle a los niños y jóvenes. No lleves a casa esa funesta línea de ensamblaje, y sus desafortunadas consecuencias, descritas por Dodd a continuación:

> Cuando se trata de la línea de montaje, como las consideraciones curriculares se anteponen a las personas, los niños tienen oportunidades ilimitadas de fracasar. Cuando las calificaciones se superponen a eso, al menos

---

[158] Dodd, Sandra. (2009). *Big Book of Unschooling.* p.13

un tercio de ellos están predestinados a fracasar, porque no puede haber valor en una A o una B sin un contrapeso de Ds y Fs. ¿Y todos esos niños en el medio, calificados como promedio? Irán a la escuela durante años para obtener un papel que diga, "Toma, eres promedio."[159]

Dodd también recomienda que por cada año escolar las familias se tomen un mes libre de cualquier asunto académico. El tiempo de transición no es un tiempo en el vacío en términos de aprendizaje. Los niños en ese periodo deben ir aclimatándose a un ecosistema que armonice con su impulso natural por aprender. 9otyg

En esos días, además de disfrutar del alivio, la libertad y los nuevos cambios, el aprendizaje no está suspendido. Es un tiempo ideal para visitar museos, bosques, pueblos, acercarte a un grupo de apoyo, planificar giras, ver obras de teatro, explorar las ofertas de talleres de arte, de tecnología, robótica, en fin, explorar la infinidad de posibilidades que ahora se abren ante ti. O simplemente disfrutar de estar en casa y de la transición y el alivio de haber removido un enorme obstáculo. Es un momento perfecto para vaciar la mochila de piedras pesadas e innecesarias que impedían el progreso del aprendizaje y la sana convivencia.

Es recomendable que, por cada año escolar que cursó un niño que vaya a comenzar a ser educado en el hogar, las familias se tomen un mes libre de cualquier asunto académico. El tiempo de transición no es un tiempo en el vacío. El aprendizaje no se detiene. Los niños, durante ese periodo, van a ir aclimatándose a un ecosistema que armonice con su impulso natural por aprender. Además de Sandra Dodd es una recomendación de la que se hace eco la veterana en estos menesteres y escritora, Laura Mascaró Rotger.

---

[159] Dodd, Sandra. (2009). *Big Book of Unschooling*. p.13

¡URGENTE! ¡CURRÍCULOS!

En esos días, además de disfrutar del alivio, la libertad y los nuevos cambios, el aprendizaje no está suspendido. Es un tiempo ideal para visitar museos, bosques, pueblos, acercarte a un grupo de apoyo, planificar giras, ver obras de teatro, explorar las ofertas de talleres de arte, de tecnología, robótica, en fin, explorar la infinidad de posibilidades que ahora se abren ante ti. O simplemente disfrutar de estar en casa, de la transición y el alivio de haber removido un enorme obstáculo. Es un momento perfecto para vaciar la mochila de piedras pesadas e innecesarias que impedían el progreso del aprendizaje y la sana convivencia.

Luego te puedes plantear el asunto de los currículos, de ser necesario. Puede que incluso termines por descartarlos porque descubres que el aprendizaje se da mejor para tu hijo con un acercamiento más dinámico, orgánico, libre y espontáneo, tan abarcador que no cabe en un currículo. Así se organiza la estructura en muchas familias, establecen los intereses de sus hijos como la base del desarrollo de una cultura de aprendizaje fluida y caudalosa, que no se divorcia de la vida misma.

El currículo debe ser una herramienta que sirve a un fin, no el fin en sí mismo. Muchos padres han optado por esta alternativa altamente orgánica, desprovista de currículos. Se le conoce como *unschooling*. Su éxito trasciende las expectativas limitadas a los aspectos académicos. Pero hablemos de currículos.

¿QUÉ CURRÍCULO ESCOJO?

En lugar de enfocarte en resolver de inmediato la selección de currículos, el enfoque puede dirigirse a la aclimatación de un entorno libre de tensiones arbitrarias, creadas por las exigencias de uniformidad rítmica que imponen los currículos. Tienes ahora la posibilidad de crear un ambiente ecoamigable para el aprendizaje, que trascienda los límites del currículo. En ese sentido vamos a ver a un hijo que asume una participación activa en su proceso de aprendizaje y que aprende incluso sin que fuera planificado de antemano.

Dependiendo de cuánto maltrato sufrió en la escuela, puede que tome un tiempo mayor en algunos casos, para que se disipe su desconfianza ante lo que tenga que ver con aprender. Hay que ser paciente en lo que se restaura la confianza, tanto en su familia como en sí mismo. Es un tiempo para sanar heridas y restaurar la pasión por aprender. En adelante tu hijo no se tiene que ver restringido por un currículo diseñado a conveniencia del ordenamiento escolar más que a beneficio de los estudiantes.

En Puerto Rico, hemos luchado a capa y espada para proteger nuestro derecho a educar a nuestros hijos. Esa libertad incluye la selección de currículos o de otras opciones que puedan ser mejores, como podría ser usar libros de autores de alto calibre en sus respectivas disciplinas o experiencias de campo, o que nuestros hijos aprendan bajo la tutela de expertos genuinos, con o sin título. Incluso la libertad que tenemos supera el atropello que sufren los maestros, tantas veces impedidos de ejercer su libertad de cátedra y obligados a servir de empleados clericales de las grandes corporaciones editoriales que se llevan las subastas. Son también obligados a servir a los intereses del negocio de las pruebas estandarizadas, que impiden que se dediquen al aprendizaje para dedicarse a preparar a los estudiantes a pasar un examen tan superfluo como sagrado.

Hay herramientas que se consiguen gratuitamente, como es el caso de *khanacademy.org*. Existen currículos cuyo precio varía entre razonable a sumamente costosos. Es otra ventaja de no salir corriendo a invertir dinero en un currículo que a fin de cuentas abandonen, porque no era lo que se esperaba.

Hay quien prefiere usar una institución especializada en ofrecer cursos en línea, que siguen hasta cierto punto el formato de la escuela. La enorme diferencia, comparada con la escuela, es la flexibilidad de una experiencia de aprendizaje

¡URGENTE! ¡CURRÍCULOS!

individualizada. Esto permite al estudiante ir a un ritmo pautado a su conveniencia. Su atención puede dirigirse a aprender, como meta de sus estudios. De esta forma evita trastocar su atención por una nota frívola y vacía de valor intelectual profundo. Educar en el hogar posibilita que el desperdicio de energías por obtener una buena nota no usurpe el lugar ni el valor de saber y de poder aplicar en la vida real un conocimiento del que se apropia a conciencia. La idea es adquirir conocimientos y destrezas, sea a través de un currículo, de documentales, de lecturas, de poner en práctica lo aprendido, de participar de conversaciones o incluso, de reconocer y aprovechar aprendizajes que se dan como producto del azar.

Usar una institución privada como alternativa suele ser la más costosa. Algunos padres que cuentan con los recursos económicos eligen esta opción. Realmente no es necesario, es la menos que recomendamos, pero si es la que satisface al hijo y a los padres, la opción está disponible.

Se puede contratar ayuda. Puede que la razón sea que dicho maestro tiene una excelente reputación. Cada familia diseña la experiencia, más si en tu país el gobierno no interfiere con tu soberanía parental. A diferencia de la escuela tienes la decisión final de quién participa formalmente en el proyecto educativo de tus hijos. En la escuela no sabes a quien confías a tus hijos ni tienes poder de elección como para seleccionar a los mejores maestros. Esta limitación opera en detrimento de los niños.

La ayuda externa más común, aparte de maestros de música, arte e idiomas, cursos en robótica, es la ayuda para las matemáticas. Esto se da entre padres que tienen el poder adquisitivo para contratar a maestros pero también se da entre padres que se apoyan mutuamente. Si un padre o una madre es buena en matemáticas, puede reunir a un grupo de *homeschoolers* interesados y ayudar con las matemáticas, mientras entre otros padres de familias participantes tal vez haya un artista que puede enseñar a dibujar o un experto en finanzas que se encargue de la educación financiera.

Algunas familias usan currículos que se obtienen de forma gratuita, o combinan el uso de algunos currículos para algunas materias, mientras se usan otras fuentes de aprendizaje para otras materias, lo cual constituye una forma ecléctica[160] de educar en el hogar. Para historia, en lugar de textos, usan libros de historia. Los documentales son un recurso extraordinario y efectivo. Canales educativos de *YouTube* pueden ser tan divertidos que el aprendizaje ocurre inadvertidamente, desde el entusiasmo y el buen sentido del humor con que la producción pudiera comunicar su contenido.[161]

Cada experiencia de educación en el hogar es única e incluso en cada familia los métodos pueden variar de hijo en hijo. Es una bendición para los hijos que cada cual sea respetado en su unicidad, en lugar de ser juzgados a base de comparaciones injustas.

La educación en el hogar, más allá de los límites de los currículos, permite ampliar el espectro que cubre cada materia. Posibilita el salirse felizmente de sus bordes e incluso atender otras avenidas de aprendizaje pertinentes para el que aprende. Estas pueden cruzarse entre sí, tumbando las vallas que separan una materia de la otra.

Un día estás cocinando y tu hijo puede mostrarse interesado en lo que cocinas. Dicho interés puede volverse una conversación sobre unidades de medida, costo de productos que incluye la receta, la invención de los electrodomésticos que asisten en la cocina, la historia de la proveniencia del plato que se está preparando, el estudio del sistema digestivo y de su

---

[160] Una forma ecléctica se refiere a que se combinan elementos de diferentes estilos. Con origen en el griego *eklektikós*, significa "que elige".
[161] He aquí un buen ejemplo de un enlace a una página educativa y divertida: https://thecrashcourse.com

¡URGENTE! ¡CURRÍCULOS!

relación con el sistema inmunológico y la salud. Estamos mencionando sólo algunos aspectos de un vasto mundo de aprendizaje que pueden surgir de un interés por lo que estás cocinando. Ni hablemos de todo el aprendizaje que pudiera surgir si se les ocurre crear un canal de YouTube sobre comida.

Más allá de los currículos, la educación en el hogar invita a que se abra un campo de posibilidades que se beneficia del vasto universo de conocimientos que aumenta continuamente y que se haya a nuestra disposición a través de una conexión de Internet. Lo que sugiero que te encargues es del desarrollo del pensamiento crítico, herramienta imprescindible para el discernimiento, que no se obtiene en un ambiente en que la respuesta correcta es la única respuesta válida y en que la meta principal es el sometimiento a la obediencia. Al reconocer, validar y fomentar el desarrollo de dichas habilidades le das un soplo vital a la autoestima de este y al libre pensador que en la actualidad es tan escaso que es un lujo.

MÁS ALLÁ DE LOS CURRÍCULOS

No es que no sea importante, e incluso imprescindible lo que pretende enseñar la escuela. Es que se enseña sin el consentimiento del que aprende, sin que tenga necesariamente alguna aplicabilidad práctica porque al momento (o nunca en su vida) le encuentre uso.

Como afirma Elon Musk, presidente de *TESLA*, quien creó una escuela alternativa para sus hijos, la forma en que pretende enseñar la escuela es una forma bien difícil de enseñar. Hablando en una entrevista sobre la escuela que creó para sus hijos, Al Astra (hacia las estrellas), Musk resume la filosofía de su enfoque como sigue a continuación:

> … estamos tratando de enseñar a la gente acerca de cómo funcionan los motores... Se podría empezar por ... un enfoque más tradicional, sería decir: "Bueno, vamos a

enseñar todo acerca de destornilladores y llaves inglesas y vas a tomar un curso de destornilladores, un curso sobre llaves inglesas y todas estas cosas y... es una manera muy difícil de hacerlo. Una manera mucho mejor sería: "Aquí está el motor. Ahora vamos a desarmarlo. ¿Cómo lo vamos a desarmar? ¡Oh! Necesitas un destornillador. Para eso es el destornillador. Necesitas una llave inglesa. Para eso es la llave inglesa. Y entonces una cosa muy importante que ocurre es que la importancia de las herramientas se torna evidente.[162]

Mientras tanto la vida misma nos sorprende con muchas instancias en que incide la necesidad de aprender, voluntaria e interesadamente, lo que se le pretendía enseñar de manera obligada y en la abstracción. En la actualidad prácticamente cualquier cosa que necesiten aprender nuestros hijos, no van a tener ningún problema en aprenderlo, con todo el interés puesto en hacerlo, cuando así lo decidan hacer, y sin que el enfoque por una buena nota desvirtúe el sentido de la experiencia.

Para quienes se interesan en una fuente que ofrece un catálogo amplio de opciones de currículos, pueden considerar adquirir el libro de Cathy Duffy, 101 *Top Picks for Homeschool Curriculum*. El catálogo tiene el ambicioso propósito de facilitar una amplia selección de currículos que se ajusten a los niños. Para ello provee un cuestionario que una vez completado, en teoría, permite reducir un abrumador universo de opciones de currículos, a tan sólo aquellos productos que más se acomoden a cada niño.

Hay quienes no usan currículos y sus hijos avanzan asombrosamente. En su libro *Living Joyfully with Unschooling*, Pam Laricchia afirma que el currículo es un concepto artificial

---

[162] Canal Philosophy Workout - Johannes Thiesen. (25 de mayo de 2015). Elon Musk Created Own School For His 5 Kids. [Archivo de Vídeo]. YouTube. 1m2s https://www.youtube.com/watch?v=STt0dpgn900

independiente del aprendizaje mismo. La autora nos dice que su función predominante es el manejo de estudiantes en masa.

A esto añade Laricchia lo siguiente:

> Con el *unschooling* esta necesidad de aprender ciertas cosas a una cierta edad es irrelevante, y el niño queda en libertad de aprender cosas en la medida que se suscitan en la vida. El enfoque no está en aprender lo que alguien estima necesitan aprender al momento en que tiene diez o trece o dieciocho años de edad (y graduándose para integrarse al mundo real). El enfoque para un *unschooler* está en vivir en el mundo real todos los días y en aprender cosas en la medida en que sea necesario para alcanzar las metas reales y significativas que enfrenta.[163]

Como mencioné anteriormente, hay quienes asumen un acercamiento ecléctico, es decir, usan una combinación de métodos y currículos, con una flexibilidad amplia, que da espacio a que el aprendizaje del niño guíe el proceso. Puede que usen un currículo para matemáticas y ciencia mientras usan libros y documentales para historia; puede añadan cursos de arte que ofrezcan en su comunidad. Para música tal vez contratan a un maestro y/o participan de una banda.

En fin, que el universo de currículos y otras opciones es vasto. Lo cierto es que cada experiencia de educación en el hogar es única. Cada una tiende a culminar en logros que trascienden las expectativas meramente académicas.

La flexibilidad de la educación en el hogar permite a los padres de un niño al que puede que no le sirva un currículo concebido para niños de su edad, porque es demasiado elevado y complejo o porque es demasiado fácil y aburrido para él, hacer los ajustes necesarios. Si se está trabajando por materias puede

---

[163] Lariccia, Pam. Living Joyfully with Unschooling Box, Living Joyfully Enterprise, Kindle, 4%, Loc 266 of 5602

que en español vaya más adelantado que el niño escolarizado de su misma edad pero más lento en matemáticas. Fuera de la escuela esto no importa, es irrelevante. Se cuadra todo al ritmo del niño. Se evita también el maltrato institucional detrás de diagnósticos que se basan en la pretensión de que todo el mundo aprenda lo mismo y a la misma vez. A fin de cuentas lo que quieres es que comprenda y le pueda sacar provecho a lo aprendido. No es una carrera de velocidad.

Al igual que no todos los niños comen lo mismo no hay porqué, en tu experiencia de educación en el hogar, hacer que tus hijos se rijan por lo que, según la escuela, deberían estar aprendiendo. Si le interesa mucho la astronomía puedes dirigir mucho más atención a ello que lo que puede esperarse cubra la escuela. Además, con lo que pagan muchos padres por tener a sus hijos en escuelas privadas que tal vez les dejan profundamente decepcionados, podrían instalarle un pequeño observatorio en sus casas. Tal vez haga falta más de una familia para crear un proyecto de esa envergadura.

El Dr. Francis Collins, expresidente del *National Institute of Health*, aprendió sin que en su casa usaran currículos, sin una planificación estructurada, que siguiera la «lógica de la escuela». El prestigioso científico comenta que su madre entendía que sus hijos serían mejor servidos por sus métodos educativos y que tenia razón, pues tenía el don extraordinario de encender la chispa que uno quisiera que representara a la educación. Collins cuenta que se dedicó a explorar y aprender, de acuerdo a sus intereses.[164] De adulto fue uno de los científicos que dirigió el proyecto de la decodificación del genoma humano. Es también autor de libros, entre ellos *The Language of God* y *The Language of Life*.

En lugar de fijar la atención en el currículo, Cathy Duffy sugiere que te fijes en el alcance de metas. Las matemáticas van

---

[164] https://www.c-span.org/video/?c4394942/user-clip-homeschooled-dr-collins

a tener una función para un ingeniero distinta a la función que tendrá para un artista o para un economista, un médico, un agricultor, un vendedor ambulante, etc.

Por otro lado, si por ejemplo, con diez ejercicios de matemáticas el niño muestra dominio, ¿por qué obligarlo a realizar quince más? Ciertamente que la práctica hace la perfección, pero también es cierto que un buen adiestrador deportivo sabe que no es aconsejable sobreentrenar a un atleta.

Recuerda que no se trata de una carrera de velocidad y que lo que a la escuela le toma doce años en «enseñar» a un *homeschooler* pudiera tomarle un par de años en «aprender». Al parecer el criterio principal que anima a la escuela no es el aprendizaje sino la presencia obligatoria. Por lo tanto, no nos cansamos de enfatizar en que disfruten la transición hacia la educación en el hogar, restablezcan la mejor relación posible, la confianza mutua, el entusiasmo. Asegúrense que quien va a aprender tenga un propósito personal claro del porqué aprender lo que pretendes enseñar. En la escuela no tienes ningún poder sobre la educación de tus hijos a la hora de escoger currículos ni maestros. En el caso de la educación en el hogar, tienes plena libertad a la hora de explorar currículos y en establecer una experiencia de aprendizaje basada en el que aprende, no en el que enseña.

Debemos tomar el tiempo que sea necesario en establecer con nuestros hijos la filosofía de la que va a partir una aventura que tiene grandes posibilidades de rendir muy buenos frutos. No es complicado. No se trata de redactar un tratado sino de establecer unas guías simples, abiertas a revisión. No hay dinero en el mundo que genere tanto valor a la vida como ver que nuestros hijos se encaminan, asumen las riendas de sus vidas, y prosperan en todos los sentidos.

CUANDO ES MEJOR LLEGAR TARDE QUE LLEGAR A

TIEMPO

Una pregunta frecuente entre quienes deciden hacer *homeschooling* a hijos de edad preescolar o en sus primeros grados, es cuántas horas lectivas y qué currículos usar. Mi respuesta es cero horas lectivas y ningún currículo.

Vísteme con calma que no tengo prisa. Ya desde que nacemos estamos aprendiendo, sin prisa y sin pausa. Durante los primeros años de vida aprendemos mediante la curiosidad y la exploración.

Grace Llewellyn y Amy Silver, en su libro *Guerrilla Learning*, aconsejan lo siguiente:

> Respetar el tiempo de nuestros hijos significa no sólo permitirles comenzar a aprender un tema cuando estén listos sino también respetar su ritmo una vez que comiencen. Algunos niños comenzarán a aprender algo temprano, pero en general lo aprenderán lentamente, algunos retrasarán el comienzo pero lo aprenderán rápidamente una vez que comiencen, algunos comenzarán temprano y avanzarán de manera fulminante, y otros retrasarán el comienzo y aprenderán lentamente.[165] *Todo esto está bien.*

Contrario al enfoque del que suele partir la escuela tradicional en cuanto a cómo educar a nuestros niños, considera lo que observa Carol Black, directora del documental *Schooling the World*, en niños de otras sociedades:

> Controlamos y dirigimos y medimos el aprendizaje de nuestros hijos en todo lujo de detalles, cuando muchas otras sociedades presumen que los niños aprenden a su propio ritmo y no ven necesario ni adecuado controlar sus actividades cotidianas y sus elecciones. En otras

---

[165] Llewellyn, G. Silver, A. (2001). *Guerrilla Learning*. Wiley, First ed. pp. 108-109

palabras, lo que asumimos como un entorno de aprendizaje "normal" no es en absoluto normal para millones de personas de todo el mundo.[166]

Es probable que nuestro esfuerzo de pronto no parezca rendir el fruto esperado por falta de cooperación. Probablemente le estamos impidiendo aprender porque insistimos en enseñar. La escuela confunde enseñar con aprender, y nosotros también, al imitarla en casa. Es de esperarse, pues nuestra cultura es una altamente escolarizada. Pero para enseñar es imprescindible contar con el consentimiento de aquel a quien pretendemos enseñar.

El niño que dócilmente se somete a la obediencia quiere complacer a sus padres, a los maestros. Memoriza y luego olvida. Primero debe darse la voluntad de aprender para que la voluntad de enseñar pueda establecer una conexión eficaz en la que ambos salgan beneficiados.

Para entender por qué no recomendamos cargar la experiencia de *homeschoolers* pequeños con una escolarización formal extemporánea[167], considera lo que plantea Sir Ken Robinson. En su conferencia de TED Talks titulada *Bring on the Learning Revolution* nos advierte que

> un niño de tres años no es la mitad de un niño de seis años, es un niño de tres años.[168]

Dramatizando lo desquiciado de las expectativas actuales y con el sentido del humor que le distinguía, narra la siguiente escena imaginaria:

> ...actualmente existe una competencia para ingresar al

---
[166] http://carolblack.org/a-thousand-rivers
[167] Extemporáneo: 1. adj. Impropio del tiempo en que sucede o se hace.

2. adj. Inoportuno, inconveniente.
[168] Canal TED. (15 de septiembre de 2015). *Bring on the learning revolution!* | Ken Robinson. [Archivo de Vídeo]. YouTube. 11m37s
https://www.youtube.com/watch?v=kFMZrEABdw4&t=6s

jardín de infantes —para ingresar al kínder correcto— por la cual gente de tres años de edad está siendo entrevistada. Niños sentados frente a un panel de jueces adultos imposibles de impresionar, ya sabes, con el currículum *vitae* del niño en manos, hojeando y exclamando: "¿Qué? ¿Acaso es esto todo? Usted lleva por ahí treinta y seis meses, ¿y esto es todo? Usted no ha logrado nada. Tiene que comprometerse. Puedo ver que se ha pasado los primeros seis meses lactando". Como ven, es indignante como concepto.[169]

Ante esta escena que tantos niños padecen, no debes preocuparte por seguir el ritmo uniforme de la escuela. Trabajos como los del Dr. Raymond Moore, recogidos en su libro, *Better Late Than Early*, demuestran cuán inapropiado es imponer a los niños una enseñanza formal que interrumpe e impide el aprendizaje propio de su edad. Ni aprenden lo que mediante la libertad de ser niños aprenderían ni aprenden lo que se les pretende enseñar de forma inadecuada o inconveniente por inoportuno. No es extraño que hayan oportunistas que se aprovechen de la devastación a la que se somete a la niñez escolarizada, para patologizar y drogar a la niñez, mientras se exonera a las instituciones responsables.

La escuela pretende regular y producir respuestas predecibles desde la niñez. Lo cierto es que en el marco de lo que acontece en la actualidad, es cada vez más claro que las intenciones de controlar resultados, de encasillar a los estudiantes de acuerdo con teorías fallidas del aprendizaje y de la conducta, desde el contexto particular de la escuela, va en detrimento de nuestros hijos. Los distancia de su esencia y de la posibilidad de desarrollar sus habilidades, a base de un aprendizaje orgánico y centrado en sus intereses. Al educar en el hogar te puedes

---

[169] Canal TED. (15 de septiembre de 2015). *Bring on the learning revolution!* | Ken Robinson. [Archivo de Vídeo]. YouTube. 11m52s
https://www.youtube.com/watch?v=kFMZrEABdw4&t=6s

distanciar de conceptos de desarrollo que sólo operan en el contexto escolar. Considera el caso de Satpshi Tajiri.

Este talentoso japonés, desde muchacho le fascinaban los videojuegos. A su vez era un dolor de cabeza para sus padres por su presunta mala conducta. Debido a su fascinación por los videojuegos, Tajiri cortaba clases frecuentemente. Por estar pendiente a su pasión por los videojuegos por poco no se gradúa. Los creadores de mitos del cerebro lo hubieran destruido con sus diagnósticos de adicción a los videojuegos. Hubieran hecho añicos a Tajiri, en aras de convertirlo en un niño «normal». En lugar de ingresar a una universidad Tajiri estudió electrónica en La Escuela Tecnológica Nacional de Tokio. Luego les presentó su proyecto de Pokémon a Nintendo. Pokémon eventualmente se convirtió en un éxito mundial.

En el libro Aprendizaje Invisible, los autores, Cobo y Moravec, explican a profundidad por qué la escuela no logra identificar y apoyar a casos como el del creador de Pokémon. Los autores afirman que:

> ...lo invisible no es lo que no existe, sino aquello que no es posible observar. Por tanto, una característica distintiva de lo "invisible" es la imposibilidad de registrarlo con nuestros ojos. [...] es una de las características más sustantivas del conocimiento. Es decir, por una parte contamos con el conocimiento explícito[170], que es sencillo de codificar[171] o verbalizar, e incluso observar en libros, bases de datos, manuales de programación, partituras musicales, etc. Y por otra, está ese otro conocimiento, llamado tácito[172], que es personal o experiencial y que resulta mucho más complejo (sino

---

[170] Explícito: Dicho o especificado de forma clara y detallada.
[171] Codificar: Traducir un mensaje mediante un sistema de signos y de reglas que permite formular y comprenderlo. En el caso de la escuela, los exámenes y notas pretenden interpretar un mensaje de aprovechamiento académico.
[172] Tácito: Que no se expresa o no se dice pero se supone o se sobreentiende.

imposible, en algunos casos) de exportar, sistematizar e incluso verbalizar.[173]

Sir Ken Robinson, entrevistó a Sir Paul McCartney para su libro El Elemento. Por Robinson nos enteramos que George Harrison y McCartney fueron compañeros de clase en su escuela en Liverpool y que ninguno de sus maestros se enteró que estos eran músicos. Robinson echa una broma al observar que la escuela en Liverpool contó con la mitad de los Beatles y nunca se enteró. Los aprendizajes invisibles de Paul y George fueron imprescindibles para alcanzar el éxito.

Al educar en el hogar tenemos la ventaja de que podemos ser más flexibles y estar más atentos a todo el aprendizaje que se va dando. Podemos observar de cerca y alimentar la curiosidad por aprender que tienen nuestros hijos.

Mi consejo es el de John Holt: confía en los niños. Nacieron con un impulso por aprender. Honrar esa virtud inherente de nuestra condición humana, que se revela en los niños, nos pone en una posición favorable. El aprendizaje mismo irá desdoblándose de manera orgánica y dinámica, dejándote saber cuándo están listos para desafíos mayores y alcanzables.

Si tu hijo, durante la edad temprana, por iniciativa propia muestra interés por aprender lo que no se suele esperar que a esa edad aprendan, no pretendemos que frenes ese aprendizaje. Pero no hay necesidad de apresurarlo tampoco. Optar por permitir que nuestros hijos aprendan, desde el impulso mismo que originó sus primeros pasos hacia el conocimiento, nos ha demostrado que es el camino correcto a seguir.

---

[173] El libro de Cobos y Moravec puede ser descargado siguiendo el siguiente enlace: https://www2.educationfutures.com/books/aprendizajeinvisible/download/AprendizajeInvisible.pdf. p. 26

PEDAGOGÍA DE LA FLOR

Una frase de Alexander Den Heijer, joven conferenciante motivacional y escritor holandés, arroja mucha sabiduría en torno al aprendizaje de los niños. El pensamiento lee como sigue:

> Cuando la flor no florece arreglas el ambiente en el que crece, no la flor. Así como las flores necesitan ciertas condiciones para florecer, los seres humanos necesitan un determinado entorno para florecer.[174]

Muchos niños se quejan de aburrimiento. Las siguientes palabras de Heijer me parece nos pueden dar una idea de lo que está ocurriendo:

> Con frecuencia nos sentimos cansados, no porque hemos hecho demasiado, sino porque hemos hecho muy poco de lo que enciende la chispa en nosotros.[175]

Las exigencias de buen comportamiento del niño en el contexto escolar responden a la conveniencia de maestros entrenados para hacer uso continuo de la palabra, como si esta

---

[174] Den Heijer, Alexander. (2019). *Nothing you don't already know: Remarkable reminders about meaning, purpose, and self-realization*. Uitgeverij Bewust Zijn. p. 18

[175] Alexander Den Heijer. (2019). *Nothing you don't already know: Remarkable reminders about meaning, purpose, and self-realization*. Uitgeverij Bewust Zijn. p. 8

fuera la mejor manera de aprender. Se pretende que los niños renuncien a la manera en que aprenden, jugando, para someterse a la voluntad externa de enseñar. De este modo sometemos a los niños a una educación ineficaz, como a continuación advierte John W. Gardner[176], siguiendo la metáfora de la flor:

> Hoy en día la educación es monumentalmente ineficaz. Con demasiada frecuencia estamos dando a los jóvenes flores cortadas, cuando deberíamos estar enseñándoles a cultivar sus propias plantas.[177]

El jardinero no exige uniformidad a las flores sino que tiene fe, y más que fe, certeza de que, dadas las condiciones favorables, la semilla dará buen fruto. Recurriendo a la metáfora del jardinero, Sir Ken Robinson nos ofrece una guía de por dónde debemos encaminar la educación. Es un camino que quienes educamos en el hogar conocemos muy bien:

> Tenemos que superar que es esencialmente un modelo industrial de educación, un modelo de fabricación que se basa en la linealidad y la conformidad y el agrupamiento de personas. Tenemos que pasar a un modelo que se base más en los principios de la agricultura. Tenemos que reconocer que el florecimiento humano no es un proceso mecánico; es un proceso orgánico. Y no se puede predecir el resultado del desarrollo humano. Todo lo que puedes hacer, como un agricultor, es crear las condiciones en las que comenzarán a florecer.[178]

A continuación Robinson elabora más sobre esta metáfora del jardinero:

---

[176] John William Gardner fue Secretario de Salud, Educación y Bienestar bajo el mandato del presidente Lyndon Johnson.
[177] https://www.deepdyve.com/lp/sage/much-education-today-is-monumentally-ineffective-all-too-often-we-are-6FvT3UTlEJ?key=sage
[178] https://www.ted.com/talks/sir_ken_robinson_bring_on_the_learning_revolution?language=es#t-868912, 14m23s

Un gran jardinero, un gran agricultor, depende de las plantas que crecen bajo su cuidado, de lo contrario, se quedan sin negocio... No puedes hacer crecer una planta... No les pegas las raíces, no pintas los pétalos y unes las hojas... La planta crece sola. Lo que haces es proporcionar las condiciones para el crecimiento.[179]

No se trata de un mundo idílico ni perfecto, ni tiene por qué serlo, porque precisamente parte del aprendizaje es manejar fallas y superar escollos. Para la educación en el hogar, el sol está radiante y se florece. Florecemos todos porque se le permite a la flor ser flor, y a los niños ser niños y porque, ya sabemos:

Cuando la flor no florece arreglas el ambiente en el que crece, no la flor.[180]

SIN ESCUELA SE APRENDE

Sugata Mitra[181] realizó un experimento en un arrabal de la India, donde los niños nunca habían visto una computadora. Los niños aprendieron a usar la computadora sin ayuda de adultos. Se enseñaron entre sí. Mitra colocó una computadora con acceso al Internet en un hueco de una pared en un arrabal de Nueva Delhi. La curiosidad de los niños y la colaboración entre ellos les llevó a descifrarla, a conectarse al Internet en un par de horas, y a enseñarle a otro niños. Según relata Mitra en su conferencia de Ted Talks, en seis meses habían descifrado todas las funciones del *mouse*, podían abrir y cerrar programas, accedían al Internet para bajar juegos, música y videos. No hicieron falta maestros. Al no

---

[179] https://m.youtube.com/watch?v=aT_121H3kLY, 46s
[180] Den Heijer, Alexander. (2019). *Nothing you don't already know: Remarkable reminders about meaning, purpose, and self-realization.* Uitgeverij Bewust Zijn. p. 18
[181] Sugata Mitra (nació el 12 de febrero de 1952 en Calcuta, Bengala Occidental, India) es profesor de *Educational Technology* en la *School of Education, Communication and Language Sciences* de la Universidad de Newcastle, Reino Unido. También es jefe científico, emérito, en el NIIT.

Sugata Mitra - Wikipedia, la enciclopedia librees.wikipedia.org › wiki › Sugata_Mitra

intervenir con ellos no se les interrumpió el flujo incontenible del aprendizaje. Lo lograron solos.[182]

Esto me trae al pensamiento un principio que propone María Montessori en su singular obra The Absorbent Mind, cuando aconseja a no brindar al niño una ayuda innecesaria.[183] Montessori advierte que

> los niños no deben ser ayudados innecesariamente ni interrumpidos, una vez han comenzado a realizar algo inteligente.[184]

La inteligencia la debemos contemplar desde la perspectiva del niño y no desde expectativas que distorsionan nuestra mirada hacia los niños. Pues según la pedagoga italiana

> Los niños tienen sus propias leyes de desarrollo, y si queremos ayudarles a crecer, es cuestión de seguir estas, no de imponer las nuestras.[185]

Qué tal si en lugar de invertir en presupuestos enormes para gestionar el encuentro entre la tecnología avanzada y el salón de clases, aprovechamos la tecnología para salir del salón y del modelo anacrónico. Ya eso ocurre entre niños y jóvenes que aprenden sin escuela.

Tony Wagner, en su libro *The Global Achievement Gap*, plantea lo siguiente:

> Las escuelas no han cambiado, el mundo ha cambiado. Por tanto, las escuelas no están fracasando. Más bien están obsoletas, incluso las que logran mejores

---

[182] Canal TED. (7 de septiembre de 2010). *Sugata Mitra y sus nuevos experimentos en autoaprendizaje.* [Archivo de Video]. YouTube. 1m5s
https://www.youtube.com/watch?v=dk60sYrU2RU
[183] Montessori, María (1967) The Absorbent Mind. Henry Holt and Company. p. 228
[184] Montessori, María (1967) The Absorbent Mind. Henry Holt and Company. p. 200
[185] Montessori, María (1967) The Absorbent Mind. Henry Holt and Company. P. 162

> resultados de pruebas estandarizadas.[186]

Este detalle que plantea Wagner es importante entender: que la escuela sea excelente en aprovechamiento académico no la excusa de

> su lamentable incapacidad para conectar con los niños y su obsesión con el aprendizaje memorístico y la disciplina impuesta, que solo sirven para hundirles más en la apatía y en la rebeldía.[187]

El distinguido profesor de Harvard también advierte que

> la brecha entre el mundo real y el mundo de la escuela es mas grande que nunca.[188]

La escuela, diseñada para una era que ya no existe, prepara a los niños para un mundo que ya no existe. Los niños y jóvenes escolarizados, como los niños que estudió Mitra, seguramente poseen un enorme potencial como para ejercer estados elevados de autodeterminismo y valoración crítica aguda de la realidad y las circunstancias que les rodean. La escuela acaba con estas facultades, como muy bien lo propuso el filósofo alemán que inspiró a la escuela forzada prusiana y que a su vez inspiró al modelo escolar estadounidense que hemos adoptado.

El filósofo prusiano, Johannes Gottlieb Fichte, en su libro Discursos a la Nación Alemana, afirma que

> la nueva educación debe consistir esencialmente en esto, que destruya por completo la libertad de la voluntad en el suelo donde se le propone cultivar...[189]

---

[186] Wagner, Tony (2010). The Global Achievement Gap. Basic Books. p.21
[187] Holt, John (1968), El fracaso de la escuela, Alianza Editorial. p. 161
[188] Wagner, Tony (2010). The Global Achievement Gap. Basic Books. pp. xv-xvi
[189] Fichte, Johann Gottlieb (1968),Addresses to the German Nation, , Harper and Row Publishers, p.17

PEDAGOGÍA DE LA FLOR

Esta postura surge, según lo detalla John Taylor Gatto, a la luz del triunfo del ejército de principiantes de Napoleón Bonaparte sobre el ejército profesional prusiano, luego de la batalla de Jena de 1806.[190] Prusia pasa a ser ocupada por los franceses. A partir de entonces Gatto explica que

> Los niños tenían que ser disciplinados mediante una nueva forma de condicionamiento universal. Ya no podían ser confiados a sus padres.[191]

Es el modelo del que se enamora el padre de la Educación Pública estadounidense, Horace Mann, y el modelo que en Puerto Rico se impone a partir del 1898.

La autora de The Century of the Child, Ellen Key, reitera lo que hemos planteado en torno al daño que perpetra la escuela en los niños. Así lo plantea la distinguida autora:

> El deseo de conocimiento, la capacidad de actuar por sí mismo, el don de la observación, todas las cualidades que los niños traen consigo a la escuela, por regla general, al cierre del período escolar, han desaparecido. No se han transformado en conocimiento o intereses reales. Este es el resultado de los niños pasar casi toda la vida, desde sus seis hasta sus dieciocho años de edad, ocupando un pupitre en una escuela, hora tras hora, mes tras mes, término tras término, consumiendo conocimientos dosificados, primero en cucharaditas, luego en cucharadas y finalmente en cucharones, absorbiendo mezclas que la maestra a menudo ha confeccionado, a partir de recetas de cuarta o quinta mano...
>
> Cuando los jóvenes logran escapar de este régimen, el apetito y la digestión mental están tan destruidos que

---

[190] Gatto, John Taylor (2006) Underground History of American Education, p.131
[191] Gatto, John Taylor (2006) Underground History of American Education, p.132

> siempre carecen de la capacidad para la toma de alimento real. Algunos, en efecto, se salvan de todas estas irrealidades poniéndose en contacto con realidades; tiran sus libros a un lado y se dedican a alguna esfera de la vida práctica. En ambos casos los años de estudiantiles están prácticamente desperdiciados. Aquellos que van más allá adquieren conocimiento ordinariamente a costa de su personalidad, al precio de perder cualidades tales como la asimilación, la reflexión, la observación y la imaginación. Si alguien logra escapar a estos resultados, generalmente ocurre con una pérdida de profundidad en el conocimiento. Un grado inferior de inteligencia, una capacidad inferior para el trabajo o un grado inferior de asimilación que el otorgado al erudito por naturaleza, es ordinariamente el resultado de diez o doce años escolares.[192]

La escuela no cumple plenamente con su objetivo constitucional de propender el desarrollo de los niños y jóvenes. Sin embargo, seguimos enviando a los niños a la escuela. Apoyamos su perpetuación por un lado de la boca y por el otro nos lamentamos de ella. Es hora de mirar hacia afuera y ver que existe una alternativa que está teniendo resultados superiores, más allá del aspecto académico: la educación en el hogar. Mas cuando la educación en el hogar tiene las posibilidades de resolver lo que a continuación describe el pionero de la inteligencia artificial, inventor del lenguaje de programación Logo en 1968, Seymour Papert:

> ...muchos niños se retrasan en su aprendizaje porque tienen un modelo de aprendizaje en el que "lo tienes" o "lo tienes mal". Pero cuando aprendes a programar una computadora, casi nunca lo haces bien la primera vez. Aprender a ser un programador maestro es aprender a ser

---

[192] Key, Ellen Karolina Sofia. (2021). The Century of the Child. Alpha Editions. p. 86

altamente hábil para aislar y corregir "errores", las partes que impiden que el programa funcione. La pregunta que hay que hacer sobre el programa no es si está bien o mal, sino si es reparable. Si esta forma de ver los productos intelectuales se generalizara a la forma en que la cultura más grande piensa sobre el conocimiento y su adquisición, todos estaríamos menos intimidados por nuestros temores a equivocarnos. Esta influencia potencial de la computadora para cambiar nuestra noción de una versión en blanco y negro de nuestros éxitos y fracasos es un ejemplo del uso de la computadora como un "objeto con el que pensar". Evidentemente, no es necesario trabajar con computadoras para adquirir buenas estrategias de aprendizaje. Seguramente las estrategias de "depuración" fueron desarrolladas por estudiantes exitosos mucho antes de que existieran las computadoras. Pero pensar en aprender por analogía con el desarrollo de un programa es una forma poderosa y accesible de comenzar a ser más articulado acerca de las estrategias de depuración y más deliberado sobre cómo mejorarlas.[193]

Wendy Priesnitz, editora de la revista canadiense, *Life Learning Magazine*, describe lo que acontece en la escuela, a pesar de las mejores intenciones de excelentes maestros:

> Dentro de ese marco de escolaridad, no importa todo el empeño que pongan los maestros y no importa cuán elocuentes sean sus libros de textos, muchos estudiantes brillantes se aburren, muchos de los estudiantes más lentos luchan y se dan por vencidos o pierden su autoestima, y la mayoría de ellos llega al final del proceso sin estar preparados para hacer la transición a la edad adulta.[194]

---

[193] Papert, Seymour. (1980). *Mindstorms*. Basic Books. p. 24
[194] Priesnitz, W. (2002). Life Learning/Unschooling. *Life Learning Magazine*.

HOMESCHOOLING: APRENDIENDO EN LIBERTAD

La escuela no ve la crisis de la educación de los niños con el apremio debido. Está pendiente a su propia supervivencia y a cumplir con sus ritos. Pero los padres sí pueden actuar con la presteza que requiere la situación. Nadie tiene mayor interés por los niños que unos padres amorosos y responsables. Muchos padres están tomando al niño de la mano y optando por educar en el hogar. Lo que demostró Sugata Mitra lo vemos en nuestros niños no escolarizados. Falta que el resto se entere y que podamos descubrir en cada niño el tesoro que Mitra encontró en un humilde arrabal de la India.

LA ESCUELA NO ES PARA SIEMPRE

Tendemos a considerar a la escuela actual como una institución que siempre nos ha acompañado pero no es así. La escuela tiene apenas dos siglos de existencia. Incluso en Misisipi, la escuela obligatoria surge a partir del 1918. El maravilloso patrimonio que la humanidad ha acumulado, en todos los órdenes, desde el arte, la ciencia, la filosofía, etc., es producto de tiempos que anteceden por mucho a la escuela moderna. En su libro, Unschooling, Kerry Mc Donald nos advierte lo siguiente:

> Muchos de nosotros creemos que el mito de que el catalizador de la escolarización obligatoria universal fue que el analfabetismo estaba muy extendido a principios del siglo XIX. En realidad, las tasas de alfabetización eran bastante altas en todo Estados Unidos antes de la escolarización obligatoria.[195]

Aun cuando en esos tiempos los libros eran costosos e inaccesible, el nivel de alfabetismo era tan elevado, que la intromisión del estado en la educación no respondió a una crisis educacional. Todo lo contrario, la crisis educacional parece que la ha causado la intromisión del estado en la educación. ¿Cuál

---

https://www.life.ca/lifelearning/understanding_life_learning.htm. párr. 2
[195] McDonald, Kerry (2019), *Unschooling*, Chicago Review Press, p.8

fue entonces la razón para que el estado entrara al ruedo de la educación? McDonald lo explica a continuación:

> La realidad es que los políticos y ciudadanos del siglo XIX temían y estaban abrumados por los rápidos cambios sociales cuando miles de inmigrantes llegaban a las ciudades estadounidenses a mediados del siglo XIX. La población total de los EE. UU. Se disparó entre 1820 y 1860, y la mayor cantidad de inmigración ocurrió en las décadas de 1840 y 1850, en el pico de la hambruna irlandesa de la papa. Más de 4 millones de inmigrantes llegaron durante esas dos décadas. Particularmente preocupante para los legisladores en ese momento era el hecho de que muchos de estos nuevos inmigrantes eran católicos irlandeses que amenazaban las costumbres culturales y religiosas dominantes protestantes anglosajonas.
>
> Al abogar por los estatutos de escolarización obligatoria, Horace Mann y los colegas de la reforma educativa del siglo XIX temían profundamente la autoridad de los padres, en particular de los padres inmigrantes.[196]

Todo parece indicar que Horace Mann, el padre de la educación pública en Estados Unidos, aborrecía a los padres, cuestionaba su competencia, y le parecía que la escolarización forzada era el antídoto contra la corrupción de los padres. Mas el antídoto no se lo aplicó pues a sus hijos los siguió educando en el hogar.[197]

En el prefacio al libro Understanding Waldorf Education, de Jack Petrash, John Taylor Gatto reafirma el hecho de que antes de imponerse la escuela obligatoria, Estados Unidos estaba muy lejos de hallarse ante una crisis educativa.

---

[196] McDonald, Kerry (2019), *Unschooling*, Chicago Review Press, p.8
[197] McDonald, Kerry (2019), *Unschooling*, Chicago Review Press, p.9

> Cuando Horace Mann y otros trajeron la escolarización prusiana de una sola talla para todos a Estados Unidos a mediados del siglo XIX, este país ya había sido declarado la nación mejor educada de la historia por el ensayista francés Alexis DeTocqueville en su clásico inmortal, *Democracy in America*.[198]

Carol Black nos comparte un dato sumamente curioso:

> ...prácticamente todos los colonos blancos estadounidenses en las colonias del noreste en el momento de la Revolución Americana sabían leer, no porque todos hubieran ido a la escuela, y ciertamente no porque todos hubieran sido instruidos en fonética, que no existía en ese momento. Common Sense de Thomas Paine, que no es precisamente una lectura ligera, vendió más de 500.000 copias en su primer año de publicación, el equivalente a un libro que vende sesenta millones de copias en la actualidad. La gente aprendió a leer de diversas formas, algunas de las escuelas pequeñas de un solo salón, pero muchas de sus madres, tutores, ministros viajeros, maestros aprendices, parientes, vecinos, amigos. Sabían leer porque, en una población alfabetizada, no es realmente tan difícil transmitir la alfabetización de una persona a otra. Cuando la gente realmente quiere una habilidad, se vuelve viral. No podrías detenerlo si lo intentaras.[199]

Sir Ken Robinson también nos arroja luz sobre este asunto del origen de la escolarización. Así lo plantea en su libro, *Out of Our Minds*:

> Damos por sentado que los gobiernos nacionales deben proporcionar un sistema educativo financiado y regulado

---

[198] Petrash, Jack. (2002). *Understanding Waldorf Education*. Gryphon Hous, Inc. p. 7
[199] http://carolblack.org/a-thousand-rivers

por ley. Parece obvio que todos los jóvenes deberían ir a la escuela, al menos hasta los 16 años, y que algunos irán a la universidad. Pero todo el aparato de la educación estatal es relativamente reciente. Solo en el siglo XIX los gobiernos se interesaron seriamente por la educación y solo en el siglo XX se estableció en muchos países como un derecho. En Europa y los Estados Unidos los sistemas educativos se diseñaron para satisfacer las necesidades laborales de la economía industrial. Esto se basó en la fabricación, la producción de acero, la ingeniería y los oficios relacionados, incluida la minería del carbón y la construcción naval. Para esto, necesitaban una fuerza laboral que fuera aproximadamente 80% manual y 20% profesional y gerencial. Esta suposición sustentaba toda la estructura de la escolarización en la educación superior.[200]

La escuela sigue produciendo una cuota similar, para satisfacer las demandas de un mundo que no solo no existe sino que se distancia cada vez más de lo que acontece con la automatización y el desarrollo avanzado de la inteligencia artificial. Ese 80% de mano de obra laboral que sigue produciendo la escuela constituye una crisis humanitaria peligrosa. A tantos niños y jóvenes creativos los estamos convirtiendo en redundancias humanas. El 20% de mano de obra profesional y gerencial también ha sufrido una merma sustancial. El reajuste brusco y acelerado que ha provocado las políticas asumidas contra el COVID-19, han vuelto innecesarios muchos puestos gerenciales y profesionales. El comercio y mercadeo digital se han visto enormemente favorecidos. Lo que nos lleva a considerar la opción de la educación en el hogar desde lo que a continuación plantea Robinson:

Ahora los ordenadores domésticos están en todas partes.

---

[200] Robinson, Ken. (2001). *Out of Our Minds, Learning to Be Creative*. Capstone SfB. p. 24

Se colocan sobre la parte superior del escritorio o en la mesa de la cocina, son mucho más poderosas que las primeras computadoras y la mayoría de las personas con un ingreso promedio pueden adquirir una. El ritmo de desarrollo de la tecnología informática durante los últimos 50 años ha sido impresionante.[201]

Ante esta realidad tenemos que recalibrar nuestros esfuerzos educativos. Seguir tratando de trepar la puerta de la educación, al estilo de los tres chiflados[202], es cometer la cómica torpeza de insistir en un esfuerzo sin sentido, cuando la puerta está abierta. Curiosamente nuestros niños lo saben, y con un poco de humildad y confianza de nuestra parte, nos podrían enseñar. No podemos darnos el lujo de hacernos de la vista larga y suponer que está bien enviar a los niños a la escuela en estos tiempos, sin amenazar su presente y futuro y el de la humanidad.

Ni siquiera apostar por una educación universitaria representa lo que antes significaba. Así lo plantea Robinson en su libro, Out of Our Minds:

> El simple hecho de tener un título era evidencia de las capacidades intelectuales avanzadas y de la empleabilidad. Esto ya no es verdad. En la mayoría de los casos, tener un título no es garantía de trabajo en absoluto. Es mucho mejor tener un título que eso, pero ahora es solo un punto de partida. Una razón es que mucha gente los tiene ahora.[203]

---

[201] Robinson, Ken. (2001). *Out of Our Minds, Learning to Be Creative*. Capstone SfB. p. 25

[202] Los Tres Chiflados (The Three Stooges en inglés) fue un grupo de actores cómicos estadounidenses activo entre 1922 y 1970, más conocidos por sus 190 cortometrajes realizados por Columbia Pictures que fueron emitidos regularmente por televisión desde 1959. https://es.wikipedia.org/wiki/Los_Tres_Chiflados

[203] Robinson, Ken. (2001). *Out of Our Minds, Learning to Be Creative*. Capstone SfB. p. 48

PEDAGOGÍA DE LA FLOR

Pensar que nuestros hijos deben heredar nuestra escuela, ante su clara caducidad y el peligro innecesario que representa estancar y desfasar a toda una generación en el anacronismo en que se haya sumida, no parece ser la estrella que debe guiar nuestros pasos. Más aún cuando contamos con una alternativa actualizada y probada como lo es la educación en el hogar.

Que alguien te diga que sobrevivió la escuela y que le ha ido bien, o que tenga anécdotas felices que compartir de la experiencia escolar, que le debe lo que es a la escuela, que hizo buenos amigos, que tuvo excelentes maestros, que en la escuela conoció al amor de su vida, que es producto de la escuela pública, pues que nadie le quite lo «bailao». Pero su relato, por gratas que sean sus memorias de la escuela, no tienen vigencia en estos tiempos.

Los niños de hoy viven en otro mundo, uno en el que la escuela no se puede mirar a través de los ojos de los adultos. El mundo hoy es otro muy distante de la realidad que definió la época nuestra, la de nuestros padres, la de nuestros abuelos. En esos tiempos, como bien señalara Robinson, la escuela producía más o menos un 80% de mano de obra laboral y más o menos un 20% de mano de obra profesional y gerencial. En estos tiempos su función, por diseño, sigue siendo sustancialmente la misma, sólo que el mundo cambió dramáticamente. La economía dejó de ser aquella que se sirvió de un proyecto de ingeniería social que redujo al espíritu más creativo a la obediencia. Pero la escuela actual no tiene posibilidades de ser otra cosa que lo que es. Siendo lo que es se ve forzada a coartar la capacidad creativa, en detrimento de los niños y del futuro de la generación actual

Al ser la escuela un instrumento y no un fin en sí mismo, no puede ser más importante perpetuarla que dar prioridad a lo que necesitan los niños de estos tiempos. No podemos seguir poniendo la carreta delante de los bueyes y esperar tener éxito en la labranza. Podemos y debemos proveerles una ecología del aprendizaje que dignifique nuestra condición humana y que esté al día con esta y futuras generaciones.

Wendy Priesnitz, autora del libro, *Challenging Assumptions in Education*[204], aclara el siguiente dato histórico:

> La educación con base en el hogar no es un experimento. Es como la gente aprendió a funcionar durante siglos. Y no hay ninguna razón para pensar que la gente hoy no pueda hacer la misma cosa. Es la escuela el experimento... Y ese experimento está en problemas.[205]

A estas observaciones de Priesnitz podemos sumarle lo que relata Rachel Gathercole en su libro, *The Well Adjusted Child*:

> Había una vez que todos los niños eran educados en el hogar. No se enviaban lejos del hogar, todos los días, a un lugar sólo para niños sino que vivían, estudiaban, trabajaban y jugaban en el mundo real, junto a adultos y niños de todas las edades.[206]

En el pasado, los estudiantes que la escuela hacía creer que no eran inteligentes, contaban con enormes posibilidades de hallar un trabajo que les permitiera obtener un hogar modesto y lo necesario para vivir y hasta de disfrutar de ciertos lujos y comodidades. Actualmente una enorme cantidad de estudiantes no pasan pruebas estandarizadas basadas en materias que llevan más de una década presuntamente aprendiendo. Muchos de los que sí aprueban y estudian carreras universitarias actualmente terminan con deudas estudiantiles cuyo monto puede equivaler al pago mensual de una hipoteca. Algunos no consiguen empleo en el que puedan desplegar sus conocimientos, otros que sí lo

---

[204] Priesnitz, W. (2000). Challenging Assumptions in Education. Alternate Pr; First Edition
[205] https://www.life.ca/wendy/quotes.htm
[206] Gathercole, Rachel. (2007). *The Well Adjusted Child*. Mapletree Publishing Company. p. xxiii

pueden hacer descubren que poco de lo que aprendieron les sirve en el mundo real. Los menos afortunados ni siquiera consiguen trabajo, luego de dos décadas enclaustrados en el monasterio a tiempo parcial de la escolarización. Se ha vuelto común que muchos de estos jóvenes regresen a casa de sus padres derrotados.

En *Stop Stealing Dreams*, Seth Godin nos advierte lo siguiente:

> Si la función de la escuela es crear los trabajadores que necesitamos para impulsar nuestra economía, tenemos que cambiar la escuela, debido a que los trabajadores que necesitamos han cambiado también. La misión solía ser crear trabajadores satisfechos, obedientes, dóciles y homogeneizados, consumidores ansiosos. Ya no.[207]

Actualmente la imaginación, la creatividad y la innovación, son imprescindibles para la supervivencia. Para el modelo escolar de la era industrial, modelo que ha persistido hasta los tiempos de nuestros niños, y que pertenece al pasado, junto a esa era, la creatividad era anatema. La imaginación, la creatividad y la innovación era repudiada porque se requerían piezas de engranaje humano que sirvieran a una maquinaria que se encargaba de producir con base a lo creado de antemano. Mas en la actualidad la imaginación, la creatividad y la innovación un imperativo. La educación en el hogar posibilita atender precisamente esos aspectos vitales.

Para que tengas una idea de la dirección que se le dio al diseño de la escolarización, aquí un comentario que de Woodrow Wilson, Presidente de Estados Unidos. El comentario siguiente lo pronuncia Wilson como parte de un discurso pronunciado cuando era Presidente de la Universidad de Princeton:

---

[207] Godin, Seth. (2012). *Stop Stealing Dreams*. Free Printable Edition. p. 10
https://seths.blog/wp-content/uploads/2019/05/stop-stealing-dreams6print.pdf

> Queremos que una clase de persona reciba una educación liberal, y que otra clase de personas, una clase mucho más numerosa, por necesidad, en todas las sociedades, renuncie a los privilegios de una educación liberal y se adapte a desempeñar tareas manuales difíciles específicas.[208]

Una educación liberal se refiere a una formación que provea las herramientas para ejercer un pensamiento crítico, una formación. Herramientas como las que a continuación sugiere John Taylor Gatto, que no cuestan dinero y que son ofrecidas por escuelas elites, a las que envían a los hijos de líderes políticos y líderes corporativos, y que se le niega al resto de los niños.

> Hace unos años, una de las escuelas de Harvard, quizás la Escuela de Gobierno, emitió algunos consejos a sus estudiantes sobre cómo planificar una carrera en la nueva economía internacional que creía que estaba llegando. Advirtió claramente que las clases académicas y las credenciales profesionales contarían cada vez menos cuando se compararan con la capacitación del mundo real. Se ofrecieron diez cualidades esenciales para adaptarse con éxito al mundo laboral que cambia rápidamente. Vea cuántos de los que cree que se enseñan regularmente en las escuelas de su ciudad o estado:
>
> 1) La capacidad de definir problemas sin una guía.
>
> 2) La capacidad de hacer preguntas difíciles que desafíen las suposiciones predominantes.
>
> 3) La capacidad de trabajar en equipo sin orientación.
>
> 4) La capacidad de trabajar absolutamente solo.
>
> 5) La capacidad de persuadir a otros de que su curso es

---

[208] Gatto, Taylor. (2009). *Weapons of Mass Instruction*. New Society Publishers. p. xx

el correcto.

6) La capacidad de discutir temas y técnicas en público con miras a tomar decisiones sobre políticas.

7) La capacidad de conceptualizar y reorganizar la información en nuevos patrones.

8) La capacidad de extraer rápidamente lo que necesita de masas de datos irrelevantes.

9) La capacidad de pensar de forma inductiva, deductiva y dialéctica.

10) La capacidad de atacar los problemas de forma heurística.[209][210]

Otras herramientas como las que a continuación sugiere John Taylor Gatto, y que tampoco cuestan dinero, que son ofrecidas por escuelas elites, pero se le niega al resto de los niños. John Taylor Gatto, galardonado con el Premio al Maestro del Año de la Ciudad de Nueva York en 1989, 1990 y 1991, así como al Maestro del Año del Estado de Nueva York en 1991, se dio a la tarea de estudiar los currículos de las escuelas privadas más prestigiosas de Estados Unidos. Encontró 14 lecciones que se enseñan en estas instituciones de élite que no se enseñan al público en general. Son las siguientes:

1) Los estudiantes forman una teoría única sobre la

---

[209] heurístico, ca
Del gr. εὑρίσκειν heurískein 'hallar', 'inventar' y –tico.
1. adj. Perteneciente o relativo a la heurística.

2. f. Técnica de la indagación y del descubrimiento.

3. f. Búsqueda o investigación de documentos o fuentes históricas.

4. f. En algunas ciencias, manera de buscar la solución de un problema mediante métodos no rigurosos, como por tanteo, reglas empíricas, etc.
[210] https://www.missionislam.com/homed/neseducation.htm

naturaleza humana. Qué es lo que mueve a la gente. La teoría se deriva de la historia, la filosofía, la teología, la literatura y el derecho.

2) Fuerte experiencia con alfabetizaciones activas: lectura, escritura y oratoria.

3) Información sobre las principales formas institucionales: tribunales, corporaciones, militares y educación.

4) Ejercicios repetidos en buenos modales y cortesía.

5) Trabajo independiente: los estudiantes manejan el 80% de la carga de trabajo.

6) Los deportes físicos son una necesidad.

7) Los estudiantes forman una "teoría de acceso" sobre cómo obtener acceso a cualquier persona o institución.

8) La responsabilidad es una parte esencial del currículo. Siempre asuma la responsabilidad cuando se le ofrezca y siempre entregue más de lo que se le pide.

9) Alcanzan un código personal de normas. Los estudiantes crean sus propios estándares de producción y estándares de moralidad.

10) Estar a gusto con las artes. Arte, música, escultura, arquitectura, pintura, danza, diseño, literatura y teatro.

11) El poder preciso de observación y registro precisos.

12) La capacidad de hacer frente a los desafíos de todo tipo. ¿Puede un estudiante tímido participar habitualmente en hablar en público?

13) Hábito de cautela al razonar para llegar a

conclusiones.

14) El desarrollo constante en la prueba del juicio. Haga predicciones de largo alcance y realice un seguimiento de su precisión.[211]

Recomiendo que quien quiera profundizar un poco en torno a estas herramientas, vea el video en que John Taylor Gatto los explica en detalle.[212]

Con la educación en el hogar puedes ofrecer a tus hijos este tipo de educación. No importa qué rumbo tome la educación en el hogar, estas herramientas pueden estar presentes y servir para que la formación de cada hijo les de lo necesario para ser causa sobre la vida, en lugar de ser efecto de fuerzas externas.

---

[211] https://www.youtube.com/watch?v=VgNOellI03w
[212] https://www.youtube.com/watch?v=VgNOellI03w

LA ADMISIÓN

Una de las mayores preocupaciones entre quienes consideran educar en el hogar es cómo se gestiona la admisión a una universidad. Lo que más suele preocupar a los padres es que sus hijos no vayan a ser admitidos a una buena universidad. Lo cierto es que en el tiempo que llevamos educando en el hogar son muchos los jóvenes educados en el hogar que han sido admitidos a nuestras universidades. Lo mismo ocurre en Estados Unidos. Muchos padres hicieron el trabajo difícil de confrontar la resistencia y el desconocimiento de la universidad en torno a cómo manejar ese tipo de público. Personal de las oficinas de admisión han hecho su parte para facilitar el proceso. Parece haber interés de ambas partes porque así sea.

Sobre la admisión de *homeschoolers* a las universidades del país comparto la siguiente información:

> Muchas universidades, incluyendo la Universidad de Puerto Rico, la Interamericana y la Politécnica, cuentan con políticas de admisión adaptadas para los estudiantes educados en el hogar. Están adaptadas en el sentido en que las universidades entienden que los estudiantes educados en el hogar generan su transcripción y diploma de escuela superior, por lo cual han sido creativos al buscar maneras de evaluar a los estudiantes que solicitan admisión (ej. portafolios, resultados del *College Board*).[213]

Algunas universidades que admiten *homeschoolers* son:

-Universidad de Puerto Rico y todos sus recintos

-Universidad del Sagrado Corazón

-Universidad Interamericana

-Universidad del Turabo

-Escuela de Troquelería y Herramentaje del DE

-Escuela Hotelera de Hato Rey

-Escuela Hotelera Monteclaro

-Las universidades más reconocidas en los EU

-Universidad Adventista de las Antillas

-Universidad Politécnica

-El Conservatorio de Música

No es obligatorio que lleves un portafolio, a menos que de pronto tu hijo quiera regresar o ingresar a una escuela. Si tu hijo quiere regresar a la escuela la recomendación suele ser que cuentes con uno. La ventaja que tenemos en Puerto Rico es que, a diferencia de otros países, si tu hijo, luego de hacer *homeschooling*, vuelve a la escuela y luego cambia de opinión, y regresa a hacer *homeschooling*, no debes tener ningún problema. Te sigue amparando tu derecho constitucional y legal a optar por la educación en el hogar. Otra ventaja es que existen grupos de apoyo que ofrecen ayuda si tienes dudas sobre cómo preparar un portafolio o transcripción de créditos.

Te recomendamos que te pongas en comunicación con las universidades que estén considerando. Pero no te quedes ahí.

---

[213] https://tchers.net/preguntas-frequentes/

LA ADMISIÓN

Toma ventaja al saber qué buscan las universidades, más allá de lo que suele ser el proceso típico de admisión.

ADMISIÓN Y VENTAJAS DEL *HOMESCHOOLER*

John Taylor Gatto explica que tuvo una audiencia con la directora de admisiones de Harvard y otra con el director de admisiones de Princeton.

> La dama de Harvard me dijo —Marlyn McGrath Lewis es su nombre— que Harvard rechaza a cuatro de cada cinco *valedictorians* (graduados con las mejores calificaciones). [...] Y el caballero de Princeton me indicó que nunca aceptan a nadie que tenga un promedio de calificaciones perfecto o un puntaje de prueba estandarizado perfecto. Rechazan a cientos de ellos cada año porque muestra claramente que estas personas están desequilibradas. Y yo dije: "Bueno, ¿qué miras?" "Bueno, primero nos fijamos en sus pasatiempos". Dije: "¿Sus pasatiempos? A mí se me ha enseñado que uno ni siquiera menciona esas cosas. Uno no hace perder el tiempo a gente importante. A lo que me contestó: Por el contrario, es la única área en que los jóvenes tienen la libertad de escoger cómo invertir su tiempo, de modo que te provee un túnel hacia su ser interior.[214]

Gatto nos da a entender que el prestigio del que gozan las mas prestigiosas universidades es debido al talento de los estudiantes que selecciona. Así lo explica Gatto:

---

[214] https://www.youtube.com/watch?v=tYZQImnMxzE

> De acuerdo con un individuo de nombre Alan Krueger, quien es un hombre del Departamento de Economía de Princeton, y de un señor que se llama Stacey Dale, un nombre de mucha influencia en el Andrew Mellon Foundation, si tomas los registros de gente que atiende, digamos, Harvard, y los miras veinte años más tarde, contra gente que fue admitida a Harvard, pero no ingresaron, veintes años después de la graduación no hay ninguna diferencia. La gente que no ingresó genera tanto dinero y son tan famosos como la gente que sí ingresó. Y lo que eso me dice a mí es que Harvard no le añade valor a los chicos, que seleccionar cuidadosamente a gente que ya poseen un record de distinciones en sus ejecutorias, no distinciones por sus notas, es como logran aparentar que estas pocas universidades dominan, ya sabes, el patrimonio intelectual del mundo.[215]

No es un ataque contra las universidades elites sino un ajuste en la perspectiva. En un artículo del Washington Post del 1999, se observa lo siguiente:

> Ir a Harvard o Duke no producirá automáticamente un mejor trabajo y un salario más alto. La mayoría de los graduados de estas escuelas obtienen buenos resultados. Pero les va bien porque tienen talento. Si hubieran elegido universidades con placas de identificación menores, (en promedio) lo hubieran hecho igual de bien. La conclusión es que las universidades de la Ivy League, una metáfora de todas las universidades de élite, tienen poca ventaja comparativa. Pueden exponer a los estudiantes a académicos brillantes y compañeros estimulantes. Pero no hacen que los estudiantes tengan

---
[215] https://www.youtube.com/watch?v=tYZQImnMxzE

éxito. Los estudiantes crean su éxito; esto hace que las universidades luzcan bien.[216]

Ayuda a cultivar la singularidad de tus hijos, sus talentos particulares. Que se destaquen en lo suyo al máximo, como un ejercicio de su voluntad. Procura evitar lo que advierte el autor de *Elogio de la Lentitud*, Carl Honoré, ocurre con la educación, en sentido que no ocurra que

> el contenido del currículum pase a ser más importante que el contenido del carácter del niño. [217]

En la medida en que nuestros hijos desarrollen al máximo sus capacidades, en esa medida aumentan sus posibilidades de triunfar en la vida, como sea que definan para sí el significado de triunfar. Si queremos aumentar las posibilidades de que sean recibidos en una buena universidad, o donde quiera que vayan, como invitados de honor, tratémosles como tal desde el día primero en adelante.

---

[216] https://www.washingtonpost.com/wp-srv/WPcap/1999-10/27/049r-102799-idx.html
[217] Honoré, Carl. (2017). https://aprendemosjuntos.elpais.com/especial/estamos-corriendo-por-la-vida-en-vez-de-vivirla-carl-honore/39m25s

INVITADOS DE HONOR

Desde el principio comienza un bebé a contribuir a la sociedad, con su sonrisa y con el signo de esperanza que representa su presencia. Jesper Juul, del *Familylab International* de Dinamarca, comenta lo siguiente:

> Desde su nacimiento los niños son plenamente humanos, es decir, son seres sociales, sensibles y empáticos. Estas cualidades no se enseñan, son innatas.[218]

Los niños son personas pequeñas con un porvenir grande, mientras los adultos somos persona grandes con un porvenir pequeño. Necesitan estar en cerca de gente capaces de apreciar sus habilidades, desde el comienzo mismo de la vida.

Muchos expertos estiman que aprender a hablar es más complicado que aprender a leer y escribir. Aludiendo a Paul Goodman[219], el intelectual mexicano, Gabriel Zaid, en su libro *Los demasiados libros*, presenta una escena que describe cómo aprende a hablar un niño de dos años. Lee como sigue:

> Un niño de dos años acompaña a sus padres a la mesa donde conversan con las visitas en una lengua que jamás ha escuchado. De pronto, empieza a farfullar, como si hablara en esa lengua. Tiene apetito de conversación, confianza en que puede participar. Repite, en cierta forma, la aventura de aprender a hablar. Y, si viviera en el país de los amigos que llegan de visita, seguramente llegaría a dominar su lengua, como tantos aprenden a

---

[218] Juul, J. (Sin fecha). *Your competent child.* FamilyLab.De. https://familylab.de/files/Artikel_PDFs/familylab-Artikel/Your_competent_child_one.pdf. p. 3

[219] Paul Goodman es autor de *Growing Up Absurd* y *Compulsory Miseducation.*

nadar: echándose al agua. Observando este apetito de comunicación, Paul Goodman creía que los niños pueden aprender a leer espontáneamente; que el problema está en que la escuela les quita el apetito. Con su ironía socrática de maestro de primaria, decía que si los niños fueran a la escuela desde que nacen, para que les enseñaran a hablar, una buena parte de la población sería tartamuda.[220]

A lo que podemos añadir las siguientes palabras que comparte Sir Ken Robinson en su libro *You, Your Child, and School*:

> El aprendizaje es natural para los niños. Los bebés aprenden a un ritmo prodigioso. Toma el lenguaje. En sus primeros veinticuatro meses más o menos, pasan de ser fardos inarticulados de gritos y gorgoteos a ser capaces de hablar. Es un logro notable y nadie, incluso ni tú, "le enseña" a tu hijo cómo hacerlo. No lo haces porque no podrías. Aprender a hablar es demasiado complicado. ¿Cómo aprenden los bebés a hablar? Tienen una capacidad natural para ello y les encanta aprender. ¿Cómo lo hicieron? Escuchándote y copiándose de ti y de los demás a su alrededor. Los animas con tus sonrisas y deleites, y ellos te animan con las suyas. Aprenden a hablar porque quieren y pueden. A medida que avanzan en la vida, adquirirán todo tipo de habilidades y conocimientos solo por el amor de aprender: porque quieren y pueden.[221]

Si la educación en el hogar se puede dar sin la escuela desde el principio, muy bien se puede dar continuidad ininterrumpida al ejercicio de las facultades de autoaprendizaje que se revelan desde los primeros años de vida del niño, en incrementos de

---

[220] Zaid, G. (2010). *Los Demasiados Libros*. DEBOLSILLO. p. 31
[221] Robinson, Ken. (2018). *You, Your Child, and School*. Penguin Books. p. 8

magnitud de capacidad y responsabilidad verdaderamente prodigiosos, por parte del niño. Y como advirtiera el escritor ruso Leo Tolstoi:

> Si la educación es buena su necesidad se habrá de manifestar como el hambre.[222]

Creas en lo que creas, cree en tus hijos, confía en ellos y confía en ti. Cada hijo es único e irrepetible, y si se les honra honrarán.

El extraordinario cellista, Pablo Casals, que nos honró con como residente en Puerto Rico, tuvo algo que decir sobre los niños que ha inspirado profundamente nuestra experiencia:

> Cada segundo que vivimos es un momento nuevo y único del universo, un momento que nunca volverá a ser de nuevo. Y ¿qué le enseñamos a nuestros niños? Les enseñamos que dos más dos son cuatro, y que París es la capital de Francia. ¿Cuándo les enseñaremos también lo que son? Debemos decirles a cada uno de ellos: ¿Sabes lo que eres? Eres una maravilla. Eres único. En todos los años que han pasado, nunca ha habido un niño como tú. Tus piernas, tus brazos, tus inteligentes dedos, la manera en la que te mueves.
>
> Puede ser que te conviertas en un Shakespeare, Miguel Ángel o Beethoven. Tienes la capacidad para todo. Sí, eres una maravilla. Y cuando crezcas, ¿puedes entonces hacer daño a otro que sea como tú, una maravilla?
>
> Debes trabajar, todos debemos trabajar, para hacer que el mundo sea digno de sus niños.[223]

---

[222] https://www.ourcivilisation.com/smartboard/shop/smmnsej/tolstoy/chap4.htm
[223] https://www.colegiofinlandes.com/pdf/circulares/noticias/maravilla.pdf

En su obra *How Children Learn*, John Holt nos exhorta a confiar en los niños con las siguientes palabras:

> Confía en los niños. Nada podría ser más fácil ni más difícil. Difícil, porque para confiar en los niños primero tenemos que confiar en nosotros mismos, y la mayoría de nosotros fuimos enseñados como niños a los que no se les puede tener confianza.[224]

Tratemos a nuestros hijos pues, como huéspedes de honor.

PROYECTO DE VIDA

Según destaca el periodista y escritor argentino, Andrés Oppenheimer, en su libro Crear o Morir:

> ...en la actualidad un indio en las montañas, con un teléfono inteligente a la mano, tiene más información a su disposición de lo que tenía el presidente de los Estados Unidos o la NASA, hace veinte años atrás. [225]

Nuestros hijos tienen acceso a supercomputadoras que caben en la palma de una mano, y con ello se potencia un aprendizaje autodirigido sin límites.

Sin embargo, el catedrático Adam Kotsco nos hace la siguiente observación:

> Le pedimos a jóvenes de dieciocho años que tomen decisiones de envergadura en torno a su carrera y a su futuro financiero, cuando hace un mes atrás tenían que pedir permiso para ir al baño.[226]

El *homeschooler* va al baño cuando necesita ir, puede aprender en pijamas, puede leer al aire libre o jugar cuando otros

---

[224] Holt, J. (1995). *How Children Learn*. Da Capo Lifelong Books; Revised edition. p. xii
[225] Oppenheimer, A. (2014). *Crear o Morir*. Debate. p. 26
[226] https://twitter.com/adamkotsko/status/1023753697711546368?lang=es

niños están siendo despojados de las horas más felices de la infancia. Tienen la posibilidad de usar los recursos tecnológicos para un aprendizaje personalizado, que puede sacar provecho de la supercomputadora en la palma de la mano. No se ve obligado a aplazar su atención a aquellos aprendizajes que le interesan — no necesariamente académicos—, y que desde la niñez pudieran comenzar a dar forma a sus proyectos de vida.

Para que tengamos una idea de cuán opuesto esta a la optimización del aprendizaje el uso actual que hace la escuela de la tecnología, aun con miles de sacrificios de maestros abnegados, les comparto la siguiente observación que formula Wendy Priesnitz, en su libro Challenging Assumptions in Education:

> De hecho, las computadoras tornan a las escuelas anacrónicas. Liberadas del entorno escolar controlador, las computadoras brindan una rica experiencia de aprendizaje. Pero para que las computadoras sean algo más que trucos utilizados para endulzar la entrega del currículo, los niños deben poder usar las computadoras por su cuenta, sin seguir la agenda de otra persona. Deben poder usar la red mundial para investigar temas que les interesan, interactuar con personas de intereses similares por correo electrónico, escribir cartas, crear hojas de cálculo y bases de datos, publicar boletines, diseñar gráficos y sitios web, y sí, jugar juegos. (Priesnitz, 2000, p. 66)

Los padres pueden identificar signos y manifestaciones en forma de intereses particulares. Les dan así a los hijos la oportunidad de explorar, desde temprana edad, conocimientos y experiencias que pueden ir sentando una buena base sobre la que edificar sus proyectos de vida.

La ventajas se dan como resultado de las mismas condiciones favorables que facilita el homeschooling. Estas experiencias se dan, ya sea mediante planificación estructurada y siguiendo horarios, tanto como como producto del azar y la improvisación aprendizajes de un valor incalculable. Muchas veces se trata de aprendizajes que no se habían planificado de antemano, como la vida misma, experiencias que la misma pone en el camino. Como le cantó John Lennon en su canción, *Beautiful Boy*, a su hijo Sean:

> Life is what happens to you,
> While you're busy making other plans.[227]
> (La vida es aquello que te ocurre
> mientras estás ocupado haciendo otros planes).

Por último, un consejo muy valioso que nos da John Taylor Gatto, desde su libro *Weapons of Mass Instruction*, y que te comparto es el siguiente:

> Ahora las buenas noticias. Una vez entiendes la lógica detrás de la escuela moderna, sus trucos y trampas son bastante fáciles de evitar. La escuela entrena a los niños para que sean empleados y consumidores; enseña a tus hijos a ser líderes y aventureros. La escuela entrena a los niños a obedecer por reflejo; enseña a tus hijos a ejercer un pensamiento crítico e independiente. Los niños altamente escolarizados tienen una tolerancia baja para el aburrimiento; ayuda a los tuyos a desarrollar una vida interior de modo tal que nunca se aburran. Úrgeles cubrir las materias serias, las materias de gente madura: historia, literatura, filosofía, música, arte, economía, teología — todas esas cosas que los maestros saben suficientemente bien cómo evitar—. Desafía a tus niños con abundante soledad para que puedan aprender a disfrutar de sí mismos, para que desarrollen diálogos internos. Las personas altamente escolarizadas están condicionadas a temer estar solas y buscan compañía constante a través de la

---

[227] Lennon, John. (1980). *Double Fantasy, Beautiful Boy*. Geffen Records.

televisión, la computadora, el teléfono celular y mediante amistades superficiales adquiridas rápidamente y rápidamente abandonadas. Tus hijos deberían tener una vida más significativa, y la pueden tener.[228]

Con la educación en el hogar nuestros hijos pueden tener una vida más significativa y empezar a explorar aquello que ha de servir a impulsar el desarrollo de sus proyectos de vida. Son esos proyectos los juegos que nos dan propósito.

AL OTRO LADO DEL RÍO

El *homeschooling* puede dar la impresión de ser relativamente reciente. Sin embargo la educación de los hijos recayó por mucho tiempo en los padres. A principios del periodo que cubre desde la sociedad agraria hasta el periodo de industrialización, según relatan Cobo y Moravec en su libro Aprendizaje Invisible:

>...las empresas familiares constituían la base de la actividad económica. Los niños aprendían y trabajaban en casa. Adultos y menores mantenían una relación intergeneracional constante. En este contexto los niños no sólo contribuían positivamente a la economía, sino que la relación niño-adulto favorecía el aprendizaje mutuo. Este paradigma fomentaba el «aprender haciendo»...[229]

Esta descripción aplica a la experiencia actual del aprendizaje sin escuela y ayuda a desmitificar la ficción en torno a la socialización como un aspecto preocupante del homeschooling. Sin embargo la educación en el hogar no tiene

---

[228] Gatto, John Taylor. (2010). *Weapons of Mass Instruction*. New Society Publisher. p. XXII

[229] Cobo Romaní, Cristóbal; Moravec, John W. (2011). *Aprendizaje Invisible. Hacia una nueva ecología de la educación*. Col·lecció Transmedia XXI. Laboratori de Mitjans Interactius / Publicacions i Edicions de la Universitat de Barcelona. Barcelona p. 49 www.aprendizajeinvisible.com

que considerar como alternativa el «aprender haciendo». Ya lo hace y lo viene haciendo desde el principio. Con la educación en el hogar aprender haciendo suele ocurrir espontáneamente, por sentido común.

Aprender haciendo implica una pérdida de control artificial que se da cuando todos se ven obligados a ser enseñados lo mismo y a la misma vez. Una buena descripción la propone Moravec:

> Hacia finales del siglo XX este modelo funcionaba bien. Resultaba fácil de entender y de poner en práctica y se beneficiaba de un sistema educativo que generaba trabajadores para una economía industrial. La industrialización de la educación y la proliferación de estructuras académicas meritocráticas[230] propias de la sociedad llegaron casi a eliminar el reconocimiento del paradigma de "aprender haciendo". Además, la consolidación de esta norma proporcionaba generalmente más ventajas sociales y económicas a quienes se desenvolvían con éxito dentro de esta meritocracia industrializada –a mejores trabajos, mejores sueldos– que a quienes evitaban el sistema o simplemente no sobrevivían a él.[231]

Sir Ken Robinson nos explica por qué la creatividad fue vista como un aspecto indeseado ante los ojos de un modelo escolar creado a imagen y semejanza de la fábrica. El autor de El elemento advierte que el sistema educativo fue inventado por y para la sociedad industrial. La música, la pintura, en fin, el arte,

---

[230] La **meritocracia** es un sistema basado en el mérito. Esto es, las posiciones de jerarquía son conquistadas con base al merecimiento, en virtud, del talento, educación, competencia o aptitud específica para un determinado puesto de trabajo. La sociedad meritocrática suele integrar el concepto de talento con esfuerzo.

[231] Cobo Romaní, Cristóbal; Moravec, John W. (2011). *Aprendizaje Invisible. Hacia una nueva ecología de la educación*. Col·lecció Transmedia XXI. Laboratori de Mitjans Interactius / Publicacions i Edicions de la Universitat de Barcelona. Barcelona pp. 49-50 www.aprendizajeinvisible.com

tenían poco sentido, puesto que eran contraproducentes para ser un operario industrial.

Don Tapscott, autor de *Grown Up Digital*[232], nos ofrece una descripción del rol del maestro y el estudiante, bajo el modelo escolar. Desde el prefacio a *One Size Does Not Fit All*, escrito por Nikhil Goyal a sus 17 años, Tapscott afirma lo siguiente:

> En un modelo industrial de producción en masa de estudiantes, el maestro es un emisor. Una emisión es por definición transmisión de información de un transmisor a un receptor, a modo de una sola dirección lineal. En un proceso de aprendizaje el maestro es el transmisor y el estudiante es el receptor. La fórmula es la siguiente: "Soy el maestro y tengo el conocimiento. Tú eres el estudiante y careces de conocimiento. Así que prepárate. Aquí viene. Tu meta es introducir estos datos en tu lapso de memoria corta, y mediante práctica y repetición, construir estructuras de conocimientos profundas, de manera que puedas recordar ante mí cuando te examine". El viejo modelo de transmitir información en una sola dirección es sofocante y ahoga la creatividad, no sólo en la educación. Para mi generación era cierto en todos los aspectos de la vida… Pero los jóvenes que han crecido digitales están abandonando la unidireccionalidad de la TV por un mayor estímulo de la comunicación interactiva que encuentran en el Internet. De hecho, la televisión ha ido convirtiéndose en un medio de comunicación de fondo —similar a Muzak (música de ascensor) —. **Estar sentados en silencio delante del televisor —o del maestro— no apela o trabaja para esta generación.**[233]

---

[232] Tapscott, D. (2008). *Grown Up Digital*. McGraw-Hill Education; First edition.
[233] Énfasis del autor.
Goyal, Nikhil. (2012). *One Size Does Not Fit All*. Alternative Education Research Organization/AERO. p. 12

La educación en el hogar nos permite proveer un ambiente en que se manifieste plenamente un aprendizaje que rompe con la comunicación en una sola dirección que se da en la escuela. Permite que se dé un aprendizaje que aproveche, precisamente, la inclinación inteligente de aprender mediante procesos no secuenciales, interactivos, asincrónicos[234], «*multi tasking*» y de colaboración. Para el *homeschooling*, estas observaciones son una realidad habitual que atendemos sin mucho esfuerzo. Son parte de una experiencia y de una práctica común y cotidiana.

El *homeschooling* potencia un respeto a los procesos de aprendizaje determinados por las señales que emiten los que aprenden, sin necesariamente partir de un marco teórico complejo sino de una intuición que se asume desde el actual lujo de la sensatez, la intuición y el sentido común. En estos tiempos más que nunca estas condiciones favorables para el aprendizaje de los niños, que se dan al otro lado del rio, se vuelven necesarias para el éxito en el mundo que les ha tocado vivir.

En el libro Aprendizaje Invisible, Cobo y Moravec hacen la siguiente distinción:

> La aplicación intencionada y contextual del conocimiento personal orientado a la creación de soluciones innovadoras invalida una evaluación estandarizada y convencional que no genera innovación.[235]

Desde el humilde espacio que cada familia que ha asumido la responsabilidad del aprendizaje de sus hijos como una que no se divorcia de la crianza y de la vida familiar y comunitaria, podemos afirmar, sin pretensiones, que hemos sentado las bases para alcanzar las aspiraciones más elevadas que han soñado los

---

[234] Asincrónico: Que tiene asincronismo o asincronía, falta de simultaneidad o concordancia de hechos o fenómenos en el tiempo.
[235] Cobo Romaní, Cristóbal; Moravec, John W. (2011). *Aprendizaje Invisible. Hacia una nueva ecología de la educación*. Col·lecció Transmedia XXI. Laboratori de Mitjans Interactius / Publicacions i Edicions de la Universitat de Barcelona. Barcelona p. 61
www.aprendizajeinvisible.com

modelos escolares tradicionales, sin poder cumplir dicha encomienda. El aprendizaje está en todas partes, a todas horas y así lo reconocen y confirman los que hemos emprendido esta aventura, los que hemos logrado superar la conciencia escolarizada. Para esta forma de vivir la vida, la comunidad y el entorno están implicados activamente, tanto en el aprendizaje individualizado como en el desarrollo de un genuino espíritu de colaboración.

El aprendizaje se da en el café, en la playa, en el parque, en el museo, en el supermercado, en el teatro, en el observatorio, en casa de la abuela, en la iglesia, etc. Es un estado continuo del ser. Dado el vertiginoso ritmo de los cambios económicos y del caudaloso flujo exponencialmente expansivo y continuo de conocimientos disponibles, tenemos la posibilidad de brindar a nuestros hijos una experiencia de vida plena, una experiencia de aprendizaje que optimice el uso en libertad de los avances tecnológicos, mientras procuramos a la vez fomentar el contacto íntimo con la naturaleza. Así también podemos honrar y reconocer la unicidad de cada niño tanto como el impulso natural por aprender.

No debemos demorarnos más ni cruzar los dedos porque pronto las escuelas harán sus ajustes, reconocerán sus fallas y las corregirán. Eso no parece pueda ocurrir, no antes de que nuestros hijos lleguen a la vejez. Lo que hay que hacer es cruzar el río.

Nos enfrentamos a una realidad viva y persistente, al otro lado del río, al otro lado de la escuela. Esta experiencia confirma cuán gratificante es confiar en los niños, honrarlos como invitados especiales a nuestras vidas, y procurar que la felicidad, aunque imperfecta, sea el fundamento del proceso de aprendizaje.

Hemos cruzado ya al otro lado del río y son cada vez más los que descubren —al principio puede que a tientas y temerosos—, que en estas aguas el tiempo está a favor de los pequeños —y de los no tan pequeños—. La educación de alta calidad se va a seguir dando entre *homeschoolers* en la medida en que el aprendizaje, como impulso dinámico de la vida misma, sea revelada a través de los ojos de cada hijo, que aprende incluso y, sobre todo, en medio del juego más animado.

Permitamos que los niños aprendan jugando, en el río de aguas claras de un mañana promisorio.

EL JUEGO Y AUTOAPRENDIZAJE

El juego, a todas luces, es sinónimo de un desarrollo sano e inteligente. Es un impulso que mantiene la vida fluyendo. Peter Gray, autor de *Free to Learn*, establece una correlación entre el juego y la autoeducación. Su planteamiento es el siguiente:

> La autoeducación, mediante el juego y la exploración, requiere enormes cantidades de tiempo no programado, tiempo para hacer lo que sea que uno quiera hacer, sin presión, sin ser juzgado, y sin la intrusión de una figura autoritaria. Ese tiempo es requerido para hacer amigos, para jugar con ideas y materiales, experimentar y superar el aburrimiento, aprender de nuestros errores, desarrollar pasiones.[236]

En su libro, Entre Cuadernos y Barrotes, el escritor peruano Carlos Mayhua plantea lo siguiente:

> Con el ingreso al jardín infantil sucede un hecho de extraordinaria importancia: el juego, que hasta entonces era algo voluntario y que cubría la mayor parte del día, desconociendo horarios y prohibiciones, se convierte en una obligación, diluyéndose sus más valiosas características y echándose a perder. Lejos de permitirse

---

[236] Gray, Peter. (2013) *Free to Learn*. Basic Books. p. 100

y propiciar que los niños conozcan sus posibilidades y sus límites, única manera de lograr algún tipo de autorregulación, los niños son forzados a ceñirse a un arbitrario programa de actividades [...] En la dinámica del jardín de infancia el juego se convierte en un deber.[237]

Desde esta mirada, que profundiza en el efecto de los primeros años de escuela, el autor denuncia el daño que sufren los niños. Mayhua cuestiona la necesidad de expertos y le devuelve a los niños las funciones del juego que le fueron usurpadas. Así lo propone el autor peruano:

> Los pedagogos reclaman, tan ridículamente, como un brujo que pretende hacer salir el sol todos los días, el mérito de potenciar el juego de los niños. El jardín de infancia desarrolla un discurso y una teoría del juego para legitimar su propia existencia con fines de doma y de lucro. De esta forma, manipulando y apropiándose del juego, prepara el terreno para la total destrucción de lo lúdico[238] en la vida.[239]

A lo que añade una observación puntual Donata Elschenbroich, en su libro, *El juego de los niños*:

> ...la activación del juego es siempre a la vez interrupción del juego. La pedagogización del juego es siempre...la expresión de una relación alienada entre adultos y niños. El juego es instrumentalizado, sometido a la obligación forzada del provecho, y es engarzado[240]

---

[237] Mayhua, Carlos (1999). *Entre Cuadernos y Barrotes*. Editorial Cultura y Sociedad S.R.L. p. 11
https://vdocuments.pub/entre-cuadernos-y-barrotes-20100103-aoeque-no-haiga-escuelaa-1-1.html

[238] El término lúdico se origina en el latín. Deriva por etimología popular de *ludus, ludi* cuyo significado es juego.

[239] Mayhua, Carlos (1999). *Entre Cuadernos y Barrotes*. Editorial Cultura y Sociedad S.R.L. pp. 12-13

[240] Engarzar: Unir una cosa con otra u otras de manera que formen una cadena.

en el armazón de la economía del tiempo y de la economía del gozo.[241]

Es una paradoja que la escuela extienda la infancia artificialmente en los estudiantes mayores mientras a su vez racione el juego entre los pequeños. A los jóvenes las escuelas los deja sin propósitos personales y los obliga a trabajar como peones de la escolarización, a cambio de "buenas notas" como salario o compensación. La alteración del proceso de maduración impide un progreso ascendente en el ejercicio del criterio, la libertad y responsabilidad.

Los niños cada vez juegan menos, se les desconecta no sólo de la naturaleza, sino de **su** naturaleza, como lo documenta Richard Louv en su libro *Last Child in the Woods, Saving Our Children from Nature-Deficit Disorder*,

> Claramente, la ruptura de la infancia con la naturaleza es parte de una mayor dislocación física de la niñez en un mundo que se urbaniza rápidamente, con la experiencia de la naturaleza como una gran víctima.[242]

La educación en el hogar posibilita el juego, vital para el desarrollo de los niños en todos los aspectos. El juego promueve una maduración puntual y el desarrollo de habilidades físicas y mentales esenciales. Educar en el hogar puede proteger a tus hijos del abuso institucional disfrazado de pericia profesional. Como muy bien destaca Peter Gray

> …no debería ser un misterio por qué una disminución en el juego estaría acompañada por un aumento de trastornos emocionales y sociales. El juego es la forma que tiene la naturaleza de enseñar a los niños a resolver

---

[241] Elschenbroich, Donata. (1979). *El juego de los niños*. Zero, S. A. Artassamina, 12. Bilbao. p.12
https://issuu.com/leosantos59/docs/elschenbroich_d_-_el_juego_de_los_n
[242] Louv, Richard. (2008). *Last Child in the Woods, Saving Our Children from Nature-Deficit Disorder*. Algonquin Books; Updated and Expanded edition. p. 35

> sus propios problemas, controlar sus impulsos, modular sus emociones, ver desde la perspectiva de los demás, negociar las diferencias y llevarse bien con los demás como iguales. No hay sustituto para el juego como medio para aprender estas habilidades. No se pueden enseñar en la escuela. Para la vida en el mundo real, estas lecciones de responsabilidad personal, autocontrol y sociabilidad son mucho más importantes que cualquier lección que se pueda enseñar en la escuela.[243]

Los niños educados en el hogar suelen tener el espacio y el tiempo para ser niños. Juegan, se divierten, dirigen mucho de su tiempo y construyen sus propias estructuras de juego, maduran y aprenden. Tristemente, el juego es cada vez más estructurado y supervisado por adultos, además de restringido. Todo parece indicar que vamos por buen camino, si tomamos en consideración lo que plantea Gray, psicólogo y profesor de Boston College, a continuación:

> Los niños están diseñados, por naturaleza, para jugar y explorar por su cuenta, independientemente de los adultos. Necesitan libertad para desarrollarse; sin ella sufren. El impulso de jugar libremente es un impulso biológico básico. La falta de juego libre puede no matar el cuerpo físico, como lo haría la falta de comida, aire o agua, pero mata el espíritu y obstaculiza el crecimiento mental. El juego libre es el medio por el cual los niños aprenden a hacer amigos, a superar sus miedos, a resolver sus propios problemas y, en general, a tomar el control de sus propias vidas. También es el medio principal por el cual los niños practican y adquieren las habilidades físicas e intelectuales que son esenciales para el éxito en la cultura en la que están creciendo. Nada de lo que hacemos, ninguna cantidad de juguetes que

---

[243] Gray, Peter. (2013) *Free to Learn*. Basic Books. p. 175

compramos o "tiempo de calidad" o entrenamiento especial que les damos a nuestros hijos, puede compensar la libertad que les quitamos. Las cosas que los niños aprenden a través de sus propias iniciativas, en el juego libre, no se pueden enseñar de otra manera.[244]

En su libro, Entre cuadernos y barrote, Carlos Mayhua advierte lo siguiente:

> Un aula en perfecto orden, niños resignados a permanecer durante horas inmovilizados, es lo más enfermizo que puede ocurrir, una tranquilidad mortecina, el signo de una tragedia que, convenientemente cubierta de ideología pedagógica, se presentará incluso como un mérito.[245]

La exhortación es a que al educar en el hogar le devuelvas al juego el lugar que se merece. Suprimir el juego es un contrasentido. Si queremos niños cuyo desarrollo sea pleno, dejemos que los niños jueguen. El aprendizaje no se da sin el espíritu de juego. Es el espíritu que nos distingue desde nuestra llegada a este planeta. Para ello hay que superar el marco de pensamiento escolarizado. La expectativa que a continuación describe Gray ha sido desafortunada y no hay razón para seguir consintiéndola:

> Los padres, maestros, escuelas y distritos escolares enteros, no solo los niños mismos, son evaluados en estos días sobre la base del desempeño de los niños en las pruebas. Los niños son peones en un juego competitivo en el que los adultos que los rodean intentan sacarles las puntuaciones más altas posibles en las pruebas estandarizadas. Cualquier cosa que aumente el rendimiento sin hacer trampas correctas se considera "educación" en este juego de alto riesgo. Por lo tanto, los

---

[244] Gray, Peter. (2013) *Free to Learn*. Basic Books. p. 5
[245] Mayhua, Carlos (1999). *Entre Cuadernos y Barrotes*. Editorial Cultura y Sociedad S.R.L. p.18

ejercicios que mejoran la memoria a corto plazo, relacionados con la información sobre la que se evaluarán, se consideran educación legítima, aunque dichos ejercicios no produzcan un aumento en la comprensión.[246]

Henry David Thoreau, escritor y ensayista estadounidense, hace una observación puntual en torno al desarrollo de los niños:

> Me llama la atención el hecho de que cuanto más lentamente crecen los árboles al principio, más sólidos son en su núcleo, y creo que lo mismo ocurre con los seres humanos. No queremos ver niños precoces, dando grandes pasos en sus primeros años como retoños, produciendo una madera blanda y perecedera, sino que es mejor si se expanden lentamente al principio, como si estuvieran luchando con dificultades, y así se solidifican y perfeccionan. Tales árboles continúan creciendo con casi la misma rapidez hasta la vejez extrema.[247]

Si queremos tener éxito educando a nuestros hijos, debemos permitir la rehabilitación de las facultades de autoaprendizaje de nuestros hijos. Debemos saber que los conocimientos que cada cual requiere están accesibles a conveniencia y que el universo de saberes es tan vasto que la propuesta de la escuela se ha visto reducida ante las posibilidades actuales de adquirir conocimientos fuera de ella.

Hay que jugar. La solemnidad hacia la escuela es prácticamente una desviación en nuestra escala de valores. Lo sagrado y solemne son los niños. Como tal no necesitan que los elevemos sobre un pedestal, vestidos de blanco, sino que jueguen, se enfanguen, se desarrollen plenamente.

---

[246] Gray, Peter. (2013) *Free to Learn*. Basic Books. p.9
[247] Thoreau, Henry David, Cramer, Jeffrey S. (2007). *I to Myself: An Annotated Selection from the Journal of Henry D. Thoreau.* p.439, Yale University Press

Para que el aprendizaje siga fluyendo de manera espontanea, como se da desde el inicio de la vida, necesitan ser libres para saltar en los charcos y salpicar el mundo con su risa y su forma de conquistarlo. Dos planteamientos que formula Lewis J. Perelman, en su libro *School's Out*, me parece subrayan la coincidencia feliz que en estos tiempos puede ser , cuando optas por educar en el hogar.

Por un lado rehabilitas o proteges el espíritu de juego que caracteriza al verdadero aprendizaje. Por el otro lado le ofreces una experiencia de aprendizaje que se alinea con estos tiempos. Los planteaminos de Perelmen son los siguientes:

> Todo lo que los humanos aprendieron, para hacer posible el nacimiento de la civilización, lo aprendieron de antemano y sin escuelas, y muchas civilizaciones crecieron y prosperaron sin una participación significativa en la escolarización.[248]

En estos tiempos el dominio de la tecnología tampoco ha requerido de escolarización. Mi madre tiene ochenta años y navega por Facebook con la presteza de sus nietos, casi. Es solo un ejemplo contemporáneo en que se destaca el aprendizaje viral y sin dependencia del estado ni de sus instituciones para el éxito en el aprendizaje.

El otro planteamiento que quiero compartirle de Perelman, científico de Caltech's Jet Propulsion Laboratory, es el siguiente:

> En realidad la mayor y más productiva parte del aprendizaje humano tiene lugar en entornos del mundo real, fuera de las escuelas. Además, el diseño y las prácticas tradicionales de incluso las escuelas "excelentes" están divorciadas o son contradictorias con las habilidades naturales de aprendizaje con las que nace

---

[248] Perelman, Lewis J. (1992). *School's Out*. William Morrow & Co. p. 138

la gente.[249]

Ver la vida, la relación con los hijos con el mundo que les ha tocado vivir, como un juego, te dará toda la seriedad necesaria que requiere disfrutar de los frutos de una vida de aprendizaje intenso y de satisfacciones tan valiosas que no se pueden medir.

---

[249] Perelman, Lewis J. (1992). *School's Out*. William Morrow & Co. p. 126

EL FALSO DILEMA DE LA SOCIALIZACIÓN

Los *homeschoolers* socializan sin necesidad de escuela por la misma razón que comen, duermen y sueñan. El *homeschooler* no pertenece a otra especie. Curiosamente la socialización en la escuela está prohibida durante la mayor parte del tiempo. Como es un modelo que se basa en la comunicación en una sola dirección, la socialización interrumpe la clase. La socialización que la escuela prohíbe entre los niños, es una experiencia habitual entre *homeschoolers*. Sus relaciones se suelen dar en entornos que no sólo permiten sino que fomentan expresiones espontáneas, actividades frecuentes al aire libre, discusiones grupales, asambleas, trabajos en equipo, salidas al cine, al teatro, al museo; sencillamente comunicación coloquial y humana.

Ante la constante interrogante sobre la socialización a la que se suele someter a los *homeschoolers* uno pensaría que la humanidad no socializó hasta hace apenas poco más de un siglo, cuando da inicio la escolarización forzada moderna. Lo cierto es que somos seres sociales y que cualquier contacto entre dos personas o más es un acto de socialización. No necesitamos de una institución ni de «expertos» que otorguen a nadie facultades de sociabilidad. Mucho menos debemos esperar lecciones morales de una institución que prohíbe la socialización la mayor parte del día escolar, porque interfiere con su compulsión por imponer su comunicación unidireccional.

En la escuela los niños deben fingir interés en lo que dice la maestra mientras a su vez fingen ignorar que es más interesante socializar entre sus compañeros. Incluso se meten en problemas si la maestra se da cuenta que están tratando de socializar sin que ella se dé cuenta. ¿Cuántas veces no te separaron de algún amiguito con quien compartías más afinidad e interés que por la clase?

Pensar que la socialización escolar es el modelo a seguir, encerrado en una institución la mayor parte del día, es confundir educación con escolarización y socialización con institucionalización. John Taylor Gatto, en su libro, *Underground History of American Educaction*, plantea un principio que debe inspirar la experiencia personal y, a su vez, elevar las posibilidades de un enriquecimiento social y cultural que revierta la espiral descendente del momento. Gatto se refiere a rasgos de un ser que se desarrolla plenamente, no sólo desde el aspecto social sino desde la intimidad de sí mismo, principio desde el que se potencia el fortalecimiento del tejido social:

> El crecimiento y el dominio les llega sólo a aquellos que se autodirigen vigorosamente, toman iniciativas, crean, hacen, reflexionan, se asocian libremente, disfrutan de privacidad. Las estructuras de la escolarización se establecen precisamente para prevenir esto, ya sea bajo un pretexto u otro.[250]

Los niños educados en el hogar no viven en una burbuja, apartados del mundo. Sus vidas transcurren en una comunidad. En cambio, los niños escolarizados pasan buena parte de sus días encerrados en una especie de burbuja colectiva, bajo el pretexto

---

[250] Gatto, John Taylor. (2007). *Underground History of American Educaction*. Oxford Village Press. p. 43

de estarse preparando para la vida y bajo el asedio constante de una mirada vigilante, real o imaginaria. Sandra Dodd, resalta la paradoja al afirmar lo siguiente:

> Los chicos que van a la escuela sólo visitan la vida de vez en cuando, luego tienen que detenerse para hacer asignaciones o para irse a dormir o para levantarse y llegar a la escuela a tiempo. Se les recuerda constantemente que se están preparando para la vida real mientras los aíslan de ella.[251]

En nuestro caso, como ocurre con tantas familias cuyos hijos aprenden sin escuela, nos pasamos fuera de casa buena parte del día. Los niños salen y aprenden con cada salida, ya sea que se trate de un aprendizaje planificado o un aprendizaje inesperado, producto del azar. Interactúan y hacen amistad con niños de su generación, con niños menores y mayores, con adultos y ancianos.

Los casos en que se hace necesario asumir una responsabilidad proactiva en torno a la socialización, en lugar de la experiencia común en que las relaciones sociales entre niños educados en el hogar se da de manera espontánea, es cuando se tiene un solo hijo. En ese caso a veces puede que no sea suficiente que fluyan las relaciones espontáneamente. A veces hay que provocarlas abundantemente.

Afirma Frank Smith en T*he Book of Learning and Forgetting* que las relaciones sociales entre estudiantes y maestros se tornan más y más distorsionadas, por los efectos de la teoría oficial del aprendizaje en combinación con exámenes que no reconocen las habilidades personales de cada niño. Alega que ni la teoría del aprendizaje oficial ni el uso de pruebas estandarizadas han demostrado mejoramiento en el aprendizaje. Además, al convertirse en custodio y en quien entrega resultados, el magisterio se dedica a organizar la rotulación y segregación de

---

[251] https://sandradodd.com/quotes/

los niños en el salón. La breve reseña de su libro en Amazon destaca que Smith explica

> …cómo las escuelas y las autoridades educativas obstruyen sistemáticamente las poderosas habilidades inherentes de aprendizaje de los niños, creando desventajas que a menudo persisten a lo largo de la vida. El autor contrasta elocuentemente una "teoría oficial" falsa y fabricada de que el aprendizaje es trabajo (usada para justificar el control externo de maestros y estudiantes a través de una regulación excesiva y de pruebas masivas) con una "visión clásica" correcta pero oficialmente suprimida de que el aprendizaje es un proceso social. Que esta puede ocurrir de forma natural y continua a través de actividades de colaboración. Este libro será una lectura crucial en un momento en que las autoridades nacionales continúan culpando a los maestros y estudiantes por supuestos fracasos en la educación. Ayudará a los educadores y padres a combatir las actitudes estériles hacia la enseñanza y el aprendizaje y evitará que las prácticas actuales causen más daños.[252]

Esto es una forma de socialización muy lejos de ideal. La educación en el hogar precisamente ayudará a los padres, más que a combatir las actitudes estériles hacia la enseñanza y el aprendizaje en que incurre el modelo escolar, a evitar por completo estas prácticas actuales que tanto daño causan.

Otra deficiencia de la escuela, como lugar ideal para la socialización, es que segrega a niños por edad. La escuela encierra en salones de clase a compañeros de la misma edad que suelen compartir un nivel similar de inmadurez. En buena medida en un salón de clases tienes a niños de la misma edad aprendiendo conductas de niños de la misma edad, como modelos a seguir. En cambio, entre los *homeschoolers,* el niño mayor tiende a ser cuidadoso y prudente delante de niños más pequeños. A su vez,

---

[252] https://www.amazon.com/Book-Learning-Forgetting-Frank-Smith/dp/080773750X

los más pequeños tienen en niños mayores, modelos a seguir. Se suele dar una proyección de lo que podría ser su crecimiento futuro. Por su distancia cronológica los adultos tienden a estar muy distantes como para servir de modelos a los niños.

Sir Ken Robinson formula un planteamiento interesante sobre la segregación por edad:

> Seguimos educando a los niños por lotes, ya sabes, los sometemos al sistema por grupos de edad. ¿Por qué hacemos eso? ¿Por qué existe la suposición de que lo más importante que los niños tienen en común es la edad? Ya sabes, es como si lo más importante de ellos fuera su fecha de fabricación. Bueno, sé que algunos niños son mucho mejores que otros niños de la misma edad en diferentes disciplinas, o en diferentes momentos del día, o mejor en grupos más pequeños que en grupos grandes, o en ocasiones quieren estar solos. Si estás interesado en el modelo de aprendizaje, no debes partir de esta mentalidad de línea de producción. [253]

El autor de *School is Out*, Lewis J. Perelman, nos habla del hiperaprendizaje como fenómeno que permite un acceso instantáneo a un mar inabarcable de conocimientos. Sobre la socialización, nos emplaza con la siguiente interrogante:

> Pero la escolarización sigue siendo necesaria para la «socialización», ¿verdad? No. Investigaciones demuestran que muchos, si no la mayoría de los efectos socializadores reales de las escuelas son dañinos: la mayoría de los estudiantes derrotados terminan con la autoestima herida, mientras que el poco por ciento de estudiantes «excelentes», se llevan una falsa sensación de superioridad y seguridad.[254]

---

[253] https://www.youtube.com/watch?v=g8J4LqQPy0M, 6m57s.
[254] https://www.wired.com/1993/04/hyperlearning/

En una entrevista a John Taylor Gatto, en torno a su libro, *Dumbing Us Down* se le preguntó, basándose en su afirmación de que el genio es muy común y natural, ¿cuál es el propósito de la escolarización? Quien lo entrevista le advierte que aunque se supone que el propósito de la escuela es la lectura y la escritura, enseñar estas habilidades sólo toma un centenar de horas si la persona está interesada y dispuesta a aprender. Le pregunta entonces qué hacemos con el resto de los doce años adicionales que pasamos en el sistema, porque no le hace sentido. John Taylor Gatto contesta lo siguiente:

> No hace sentido para los niños, pero hace sentido para maestros, directores y superintendentes. Hace sentido para alguien que escribe textos escolares, para el que le vende libros a la escuela, para el que imprime libros para la escuela, para el que vende jamonilla a los comedores escolares. Hace sentido para un montón de gente. Sólo que no hace sentido como manera sensata de agregar calidad a la vida humana. No voy a vivir para ver esto, pero la primera nación que se disponga deliberadamente a desestandarizar a su población va a terminar en dos o tres décadas poseyendo el mundo.[255]

Por ahí vamos.

¿QUIÉN PREGUNTA?

La primera vez que me preguntaron sobre cómo nos íbamos a encargar de la socialización de nuestros hijos la pregunta me sorprendió porque no tenía respuesta, así como no hubiera tenido respuesta si me hubieran preguntado cómo iba a hacer para que aprendieran a caminar, o para que mudaran los dientes de leche. No hay que hacer nada sino dejar que ocurra. Son cosas que no hay que provocar porque nuestra naturaleza, nuestra cultura y nuestras actividades sociales, además de las que surgen de los

---

[255] https://ttfuture.org/files/2/pdf/gotto_interview.pdf, p. 14

EL FALSO DILEMA DE LA SOCIALIZACIÓN

intereses de nuestros hijos, honradas con tan sólo respetar su autenticidad y la ecología de su propio diseño, se van a encargar del aspecto de socialización. Lo estás criando en medio de una sociedad, de una comunidad.

Cuando me preguntaban sobre la socialización y qué íbamos a hacer para que nuestros hijos aprendieran a socializar, les decía que haríamos lo mismo que hicimos para que aprendieran a caminar y a hablar: proveerles las condiciones para que el aprendizaje se consuma en su momento y para que se desenvuelvan como seres sociales en un entorno que favorezca una socialización enriquecedora. Ha sido una acción exitosa.

Lo que en verdad aclara cualquier duda en cuanto a la socialización en el contexto de la educación en el hogar es compartir con niños *homeschoolers*. Cuando la gente ve que son sociables y que entre ellos encuentras niños sumamente expresivos, extrovertidos y sociables, otros un poco reservados, otros más reservados y hasta tímidos, la pregunta se responde sola.

La educación en el hogar es una oportunidad de abrirle las puertas a un nuevo comienzo, a la rehabilitación de un ecosistema de afectos y conexiones armonioso, que poco a poco puede quedar descontaminando en su atmósfera interior y así rehabilitar el impulso por aprender. No me refiero a copiar la escuela en casa sino a explorar las bondades de un aprendizaje autodirigido. La distancia más corta entre un punto y otro es una línea recta. La distancia más corta entre tu hijo y el aprendizaje es una conexión directa en la que todo lo que no contribuya a esa conexión debe ser descartado. Aprender es una experiencia íntima que apela a todo ser humano. Prácticamente se puede llegar a respirar aprendizaje en cada bocanada.

Hablando sobre nuestra naturaleza social Carol Black, editora del documental *Schooling the World*, nos ayuda a entender la falta de sentido de tratar a la socialización como si

209

hubiera dado origen con la escolarización.

> Todos los mamíferos sociales han desarrollado estructuras y comportamientos sociales específicos de la especie para el aprendizaje y la transmisión de las habilidades que necesitarán para sobrevivir como adultos. Nuestra propia especie evolucionó a lo largo de cientos de miles de años de vivir en pequeñas comunidades, entre edades mixtas, donde los niños estaban inmersos en actividades de adultos, rodeados de niños mayores, jóvenes y abuelos, inmersos en el mundo natural, con la libertad necesaria para moverse y jugar y ejercitar sus cuerpos, y donde se podían observar, imitar y luego participar en el trabajo de adultos, a medida que estuvieran listos en su desarrollo. En las sociedades que aún viven de acuerdo con este modelo, pedagogías indígenas elegantes se han desarrollado a lo largo de milenios, que están tan en sintonía con el desarrollo natural de los niños, cuyas habilidades complejas y matizadas se pueden adquirir de forma que parecen darse casi sin esfuerzo.[256]

Desde este punto de vista ampliado de cómo la experiencia de socialización nos ha definido desde prácticamente el origen de la humanidad, podemos complementar la mirada de Carol Black con lo que a continuación plantea Laura Grace Weldon, autora de Free Range Learning:

> La instrucción de tipo escolar ha existido por menos de una fracción del uno por ciento del tiempo que los humanos hemos estado en la tierra. Sin embargo, la humanidad ha prosperado sin ella. Eso es así porque todos nacemos para ser aprendices en libertad. Nacemos motivados para explorar, jugar, imitar modelos, desafiarnos a nosotros mismos, cometer errores y volver a intentarlo, aumentando continuamente el dominio. Así

---

[256] http://carolblack.org/a-thousand-rivers

es como aprendemos a caminar y a hablar. Así es como los jóvenes se han convertido en adultos capaces a lo largo de la historia. Y así es como hemos avanzado en las artes, las ciencias y la tecnología. A largo plazo, la escuela es lo que ha sido el experimento.[257]

Para que sepas más sobre la socialización de niños que aprenden sin escuela, como ya mencionamos, lo ideal es conocer a niños educados en el hogar. Si vas a una reunión de algún grupo de apoyo seguramente verás a grupos de niños de diferentes edades compartiendo y jugando, pasándola bien juntos, divirtiéndose, generando sus propias estructuras de juego. No será extraño presenciar algarabías de niños, alegrías contagiosas. O niños más tranquilos y reservados, conversando placenteramente.

Los niños educados en el hogar suelen contar con abundante tiempo, tanto para disfrutar con sus amigos como para establecer relaciones valiosas con adultos que pueden convertirse en excelentes mentores. Suelen aprender a llevarse bien y a hallarse a gusto con gente de todas las edades. De hecho la riqueza de la socialización es una de las razones principales por las que muchos optamos por la educación en el hogar.

¿SOCIALIZACIÓN? ¿Y QUÉ DE LA SOLEDAD?

El reverso de la moneda de la socialización es la soledad, el espacio privado, el encuentro con uno mismo. La escuela impide que los niños cuenten con tiempo para que estén solos y observen la vida en silencio, desde ese silencio sonoro de su preciada intimidad. En su libro Defensa de lo Privado, el sociólogo alemán Wolfgang Sofsky nos advierte lo siguiente:

---

[257] Weldon, Laura Grace. https://alternativestoschool.com/2014/08/06/fiveólogoways-transcend-school-mindset/

> La actividad personal autónoma y libre es tan irrenunciable para el pluralismo[258] social como para el desarrollo personal.[259]

Los niños educados en el hogar tienen la posibilidad de equilibrar sus deseos de compartir con otros, y a su vez satisfacer su necesidad y el placer de contar con espacio y tiempo de una soledad necesaria para el encuentro con uno mismo. Es una experiencia íntima de soledad con uno mismo.

El contexto para una socialización favorable al desarrollo de los niños es sumamente importante. En cuanto a la experiencia del niño en la escuela y lo que implica dicho entorno, Carol Black plantea lo siguiente:

> Cualquier biólogo sabe que un animal en un zoológico no tendrá un desarrollo normal si el ambiente es incompatible con las necesidades sociales evolucionadas de su especie. Pero ya no sabemos eso acerca de nosotros mismos. Hemos alterado radicalmente el propio comportamiento de nuestra especie evolucionada mediante la segregación artificial de los niños en grupos de pares, bajo el criterio de compartir la misma edad, en lugar de comunidades de edades mixtas, al obligarlos a estar internados, sedentarios durante la mayor parte del día, al pedirles que aprendan de materiales artificiales basados en textos, en lugar de exponerlos a actividades contextualizadas en el mundo real, al dictar horarios arbitrarios para el aprendizaje, en lugar de seguir, respetar y honrar el desdoblamiento de la presteza para el desarrollo que dicta el niño. El sentido común nos dice que todo esto va a tener resultados complejos e

---

[258] Pluralismo: El pluralismo es un concepto que tiene aplicaciones en diversos ámbitos y que está vinculado a la pluralidad y convivencia de cosas muy distintas entre sí. Un sistema plural es aquél que acepta, reconoce y tolera la existencia de diferentes posiciones o pensamientos.
[259] Sofsky, W. (2009). *Defensa de lo Privado*. Editorial Pre-Textos. pp.57,58

impredecibles. De hecho, ya ocurre. Mientras que algunos niños parecen ser capaces de funcionar en este entorno completamente artificial, una cantidad muy significativa de ellos no puede. En todo el mundo, todos los días, millones y millones de niños sanos, brillantes, normales están siendo etiquetados con fallas, en formas tales que los arruinan de por vida. Y cada vez más, aquellos que no pueden adaptarse al entorno artificial de la escuela son diagnosticados con desórdenes cerebrales y drogados. Es en ese contexto desde el que emprendemos la investigación de cómo los seres humanos aprendemos. **Recopilar datos sobre el aprendizaje humano basado en el comportamiento de los niños en la escuela es como recopilar datos sobre las orcas en función de su comportamiento en *Sea World*[260].**[261]

Esta forma de tratar a los niños y de socializarlos, debe ser una de las peores. La que la educación en el hogar ofrece es marcadamente superior. Los espacios públicos que tienen la intención de prestar servicio a los niños -como lo pretende ser la escuela-, deberían honrar experiencias de socialización que partan del respeto a quienes pretenden servir.

EL MUNDO CAMBIÓ

El *homeschooler* cuenta con más tiempo no sólo para socializar. El *homeschooler* no tiene que esperar a graduarse para comenzar a explorar y desarrollarse en los campos de interés que le inspiran. No tiene que frenar su progreso y esperar por los demás. En estos tiempos esto es crucial.

Salir bien en álgebra o en alguna otra materia impuesta que tal vez nunca use, puede requerir la renuncia del hijo a seguir sus

---

[260] Énfasis del autor.
[261] http://carolblack.org/a-thousand-rivers

propios intereses. A su vez, dichos intereses pueden parecer una pérdida de tiempo. Puede que ese interés se dirija a manualidades, a repostería, a jugar videojuegos.

Los videojuegos se prestan para desarrollar una cultura y destrezas imprescindibles para relacionarse en un mundo interconectado. Es un mundo nuevo, nativo a nuestros hijos. Puede que ese camino, y el aprendizaje del manejo de las redes sociales, las plataformas digitales, jugar e interactuar con niños de otros países, la conciencia de la importancia de hacerse de una reputación que inspire confianza (*branding*), le puedan dar una idea de lo que sería convertirse en un empresario culto, sabio y exitoso. Actualmente, los jóvenes se arriesgan a que la carrera profesional los lleve a ostentar un título que no pueden ejercer, a no conseguir empleo, y a regresar a sus casas derrotados y con una deuda estudiantil que suma el equivalente de una hipoteca que ni siquiera saben cómo gestionar.

El joven empresario y presidente de la compañía Vayner X, Gary Vaynerchuk (Gary Vee), plantea lo siguiente en su libro *Crushing It*!:

> Los padres están tratando de sacar a sus hijos de *Pokémon Go* sin saber que los juegos de realidad aumentada van a ser enormes por generaciones. Piensan que sus hijas deberían producir menos *slime* y más álgebra. El *slime* puede ser una moda pasajera pero el *slime* también podría convertirse en el conducto a través del cual una niña aprende la dinámica de oferta y demanda en *Instagram* y construye una marca y compañía personal de un millón de dólares. Lo loco es que ella no sería la primera. Karina García lo logró. Solía ser mesera y ahora es una exitosa estrella de *YouTube*, famosa por hacer… lo adivinaste, *slime*.[262]

---

[262] Vaynerchuk, Gary. (2018). *Crushing It*! Harper Collins Publisher p. 8

EL FALSO DILEMA DE LA SOCIALIZACIÓN

No estoy planteando esto para pintar un cuadro lúgubre del futuro ni que nuestros hijos no consideren una carrera universitaria, si en verdad hallan en ello su llamado. No cierres ninguna puerta. Todo lo contrario, estos son los mejores tiempos para un joven desarrollar proyectos ambiciosos y que contribuyan enormemente a mejorar a la sociedad.

Más adelante Gary Vaynerchuk afirma lo siguiente:

> Cuando se trata de oportunidades profesionales estos son los mejores tiempos para estar vivos en la historia de la humanidad. No quiero que nadie lo desperdicie.[263]

Nuestros hijos tienen el potencial para llegar lejos, si se le reconocen sus potencialidades personales, si se le reconoce como el ser especial que es cada uno. Recuerda las palabras anteriormente citadas que Pablo Casals dedica a los niños: «Sí, eres una maravilla. Y cuando crezcas, ¿serás capaz de hacer daño a otro que sea como tú, una maravilla?».

En su libro *Aprendiendo a Vivir con Niños*, Rebeca Wild nos aporta un criterio muy valioso para entender en qué descansa la experiencia de una buena socialización:

> El aprendizaje social del niño no puede darse por medio de enseñanzas, sino por la manera como lo tratamos desde el primer día de su vida. Si un niño experimenta respeto, consideración, calor humano y una atmósfera familiar pacífica, los efectos sobre sus actitudes sociales serán positivos, mientras que serán negativos si carece de estas condiciones de vida. Y esto es así porque el niño no aprende por lo que le enseñamos o predicamos, sino por nuestras maneras de relacionarnos con él y por nuestra forma de ser.[264]

---

[263] Vaynerchuk, Gary. (2018). *Crushing It!* Harper Collins Publisher p. 9
[264] Wild, Rebeca. (2007). *Aprendiendo a Vivir con Niños.* Helder Editorial, p. 215

HOMESCHOOLING: APRENDIENDO EN LIBERTAD

Con una contundencia que nos parece perfecta para finalizar esta reflexión en torno a la socialización, Rebeca Wild resume el asunto con una luz que nos anima mucho compartir:

> En el niño…las prioridades no están ubicadas en valores sociales, sino en la urgencia de sus necesidades de crecimiento... Por esta razón, no deberíamos dejarnos afectar cuando se nos acusa de que estamos prestando más atención a las necesidades auténticas de los niños que a su adaptación a las expectativas de la sociedad. A pesar de que —o precisamente porque— sentimos una estima muy alta por el valor social**, no debemos entorpecer la naturaleza del niño para rendir nuestro tributo a la sociedad**[265]. En la práctica diaria, esto significa que no animamos a los niños a que participen en juegos o trabajos grupales, sino que respetamos las particularidades y las iniciativas de cada uno de ellos. **El niño es un ser social desde su génesis, porque ha sido engendrado por medio de la unión de dos seres humanos. De manera que si respetamos su naturaleza, no puede convertirse en otra cosa más que en un ser social**[266]. Quienes abogan por una temprana educación formal y por trabajos grupales obligatorios, se justifican muchas veces con el argumento de que debemos instruir al niño para que sea capaz de sobrellevar la imposibilidad de satisfacer sus propias necesidades, de modo que más adelante tenga la capacidad de lidiar con las condiciones que reinan en la sociedad. Nuestro argumento en contra de esta posición es simple: ¿a quién se le ocurriría alimentar a un niño insuficientemente, porque tal vez de adulto deberá soportar una hambruna?[267]

---

[265] Énfasis del autor.
[266] Énfasis del autor.
[267] Wild, Rebeca. (2007). *Aprendiendo a Vivir con Niños.* Helder Editorial, p.214

EL FALSO DILEMA DE LA SOCIALIZACIÓN

Desde la afirmación de su ser, los niños que aprenden sin escuela son capaces de manifestar una solidaridad que les nace. Se dan las condiciones fértiles para un desarrollo personal y una comunión fecunda con los demás. Se dan las condiciones que abren la posibilidad de construir puentes, de dar sentido a una socialización equilibrada, donde cada cual se afirma. Es posible una socialización que parta del respeto y la confianza. A la vez, es necesario reclamar el espacio de la privacidad, de la intimidad y de la soledad fecunda.

UN MONTÓN DE SOLEDAD NOS HACE SOCIABLES

John Taylor Gatto nos invita a considerar el anverso de la moneda de la socialización: la soledad. El desafío que propone es el siguiente:

> Desafía a tus niños con un montón de soledad, para que puedan aprender a disfrutar de su propia empresa, para llevar a cabo diálogos internos. Las personas bien escolarizadas están condicionadas a temer la soledad, buscan compañía constante a través de la televisión, la computadora, el teléfono celular, y por medio de amistades superficiales adquiridas rápidamente y rápidamente abandonadas. Tus hijos deben tener una vida más importante, y claro que pueden.[268]

Montón se define como cantidad grande pero imprecisa de algo. ¿Cómo «desafiamos» a nuestros niños con «montón» de soledad entonces? Se les respeta el espacio para explorar por su cuenta, para estructurar sus propios juegos, para hallar soluciones en lugar de solucionarle aquello que está al alcance de sus posibilidades. Para los niños, como seres humanos que son, la

---

[268] Gatto, John Taylor. (2009). *Weapons of Mass Instruction*. New Society Publishers. p. xxii

soledad tiene una importancia enorme, así como también lo tiene la socialización.

En el caso de niños educados en el hogar, ese tiempo íntimo de soledad potencia el encuentro consigo mismo, potencia el desarrollo del pensamiento independiente, mantiene viva la llama del pensamiento divergente, capaz de proponer nuevas posibilidades, desarrolla independencia, en fin, se posibilita el goce de una edificante introspección. La escuela limita las posibilidades de espacios y de tiempo de esa soledad necesaria para los diálogos internos de los que habla Gatto. No se está hablando de aislamiento ni de desolación, que muy bien se pueden padecer rodeados de compañeros en un salón de clases, donde los salones pueden estar llenos de niños vacíos. Incluso un niño dopado para que preste atención forzada se halla desconectado hasta de sí mismo, y socialmente hablando, puede que se halle tan intoxicado y dañado que esté inoperante.

Educar a los hijos desde el hogar es un llamado a rectificar el curso, a tomar un camino diferente. Es un llamado a proveer las estructuras que al servicio de la funcionalidad del desarrollo de nuestros hijos, impulsen un alineamiento coherente y armonioso entre los nuevos tiempos, los saberes puntuales, los avances tecnológicos y sobre todo, el desarrollo pleno de estos.

Ante los retos de estos nuevos tiempos, potenciado desde el más elevado sentido de responsabilidad, cedamos el tiempo y espacio merecido para que cada niño disfrute de un montón de soledad y de un montón de compañía. Que cada uno pueda desarrollarse en armonía consigo mismo y desde una apertura íntima y confiada abrazar la belleza del mundo que le rodea.

Los niños pueden comenzar a construir un mundo diferente, donde el adulto de mañana pueda ser el resultado precisamente del niño feliz hoy.

EL FALSO DILEMA DE LA SOCIALIZACIÓN

HOMESCHOOLING: LA MEJOR SOCIALIZACIÓN

Según la autora de *The Importance of Being Little*, Erika Christakis, al preguntársele en una entrevista reciente, cuál es la habilidad principal que debe desarrollar un niño, la catedrática de Yale respondió que la primera destreza es que

> los niños necesitan sentirse seguros en sus relaciones.[269]

La distinguida autora añade que ese sentido de seguridad se da en un hogar donde los niños han vivido el tiempo suficiente como para madurar la certeza de ser queridos, acogidos y honrados.

Como muy bien planteara Rebeca Wild, autora de Educar para Ser y de Cómo Vivir con Niños, nacemos de una relación social: nuestros padres. Desde el momento de ser engendrados, el elemento social está presente. Los niños aprenden a través del contacto con su familia. Si entre sus miembros se hablan cinco idiomas, cinco idiomas aprenden. Aprenden de una comunidad que complementa el vínculo íntimo de la familia, lo amplía, lo robustece, lo diversifica y enriquece sustancialmente.

La siguiente observación de Christakis, en torno a las habilidades que se dan mediante la socialización entre niños, puede ser de gran ayuda para entender la brecha que se abre entre la socialización que propicia un ambiente estrictamente regulado, en contraste con la libertad que suelen disfrutar los *homeschoolers*, de desplazarse a través de su comunidad y nutrirse de relaciones sociales genuinamente diversas, espontáneas, e incluso solicitadas y deseadas. Christakis habla de esos aprendizajes en el comentario siguiente:

> Cuando los niños se están hablando los unos a los otros y se están escuchando unos a otros, están aprendiendo a

---

[269] https://www.npr.org/sections/ed/2016/02/09/465557430/what-kids-need-from-grown-ups-but-arent-getting

autorregularse, están aprendiendo vocabulario, están aprendiendo a pensar en voz alta. Y estas son habilidades altamente cognitivas.[270]

Una vez uno comprende el argumento, logramos entender la magnitud del aprendizaje autodirigido que producen estos intercambios entre niños. No sólo en materia de conocimiento personal y práctico sino en su aspecto sociocultural, aspecto esencial porque fomenta el sentido de convivencia.

Prosigue Christakis con un ejemplo que resonó profundamente en mí. Me identifico profundamente porque lo que la autora describe a continuación, pues, lo viví al colaborar con otros padres *homeschoolers* en el montaje de una obra de teatro infantil sobre piratas. Esta fue protagonizada por un enorme grupo de niños *homeschoolers*. Yo me encargué de construir, junto con un grupo de niños entusiastas y habilidosos, los barcos piratas rodantes y otras piezas para la obra. El ejemplo es el siguiente:

> ... niños construyendo una fortaleza van a activar más dominios cognitivos de aprendizaje que lo que puede producir el llenar una hoja de cálculo, sentados a la mesa. La hoja de cálculo ilustra una pequeña pila de monedas de un centavo por un lado y algunos números al otro, y hay que conectarlos con su lápiz. Esa es una forma muy unidimensional de enseñar habilidades. Mientras que si estás construyendo una fortaleza con tus compañeros, estás conversando, estás utilizando estructuras de lenguaje de más alto nivel en el juego de lo que estarías usando si estuvieras sentado a la mesa. Estás ejerciendo habilidades matemáticas, estás haciendo mediciones físicas, ingeniería —también estás en medio del careo, del dar y recibir comunicación—: "¿Cómo me llevo con los otros? ¿Cómo tengo una conversación? ¿Qué estoy aprendiendo de esta otra persona?" Y eso es

---

[270] idem

muy poderoso.[271]

Doy fe de esto y de la multiplicidad de aprendizajes que ocurren como resultado de este tipo de colaboraciones. Esto lo vi mientras improvisábamos un astillero imaginario en la marquesina de casa. Construimos barcos piratas rodantes para una obra infantil que un grupo de niños *homeschoolers* montó en escena. La obra fue todo un éxito, en todos los aspectos. Contamos con un lleno total en el teatro en el que se presentó la obra.

Los *homeschoolers* tienden a conservar intacta la pasión por aprender. No se suele estudiar para un examen que se limita a la memoria provisional, y que presta poca o ninguna importancia a la comprensión. La falta de una socialización sana en la escuela incluye que prácticamente nunca se consulta al estudiante para que este dé su consentimiento a ser enseñado. No se le suele enseñar a partir de un acuerdo previo, de manera que cada estudiante, en su plano personal, vea la relevancia, la necesidad, e incluso manifieste entusiasmo ante la propuesta.

Nosotros estamos partiendo de las antípodas de la desconfianza. Para ello es esencial que la experiencia de aprender y de enseñar comience con el consentimiento de quien deseamos que aprenda lo que queremos enseñar. Este propósito debe estar relacionado con el mundo real de nuestros hijos, que son los que estarán estudiando. Eso es imposible bajo un sistema con base en currículos de una sola talla para todos. En dicho entorno parece que la coerción es imprescindible para que se dé una enseñanza con altas probabilidades de caer en oídos sordos. El clima es un de desconfianza mutua. Bajo las circunstancias autoritarias de la escolarización la desconfianza produce su profecía autocumplida.

El propósito personal de quien pretendemos que aprenda es

---

[271] https://www.npr.org/sections/ed/2016/02/09/465557430/what-kids-need-from-grown-ups-but-arent-getting

imprescindible establecerlo para el que se presta a enseñar, si es que queremos que le haga sentido al que queremos que se preste a aprender. Si no le hace sentido al niño le va a pasar igual que te pasaría a ti bajo circunstancias similares pero ya siendo adulto: no le va a interesar. Quizás has aprendido a fingir interés por cortesía. Los niños, en cambio, son muy honestos y te van a dejar saber que no les interesa lo que no les hace sentido. Tenemos que entender eso en lugar de frustrarnos o malinterpretar la indisposición como un gesto propio de un malagradecido.

Parece no ser importante pero se puede interpretar como un acto de desconsideración pretender enseñar sin el consentimiento de los niños y jóvenes. Sobretodo cuando se trata de una materia escolar que se enseña desde la mentalidad arcaica del "por si acaso lo necesitas en el futuro". La tecnología le ha dado descanso eterno a ese falso dilema del "por si acaso". La tecnología permite que el aprendizaje se dé justo cuando se tiene que dar.

Construir galeones a escala para un teatro, medir perímetros, medir la tarima, medir la madera, cortarla con precisión, taladrar, martillar, pintar, compartir en el proceso, intercambiar impresiones, ensayar, actuar, leer la obra, memorizar líneas de personajes, diseñar vestuarios, darle contexto histórico a la piratería, conversar sobre películas de piratas, visitar un galeón español que en esos días atracó en la zona portuaria de El Viejo San Juan, y tantas otras experiencias de aprendizaje —algunas producto del azar—, nos dieron la certeza de que el éxito de la puesta en escena sería una metáfora valiosa que daría testimonio del éxito del *homeschooling*. Es un éxito de la socialización y un testimonio del alcance del espíritu humano, cuando se respeta la dignidad de los niños y se confía en ellos.

«EDUCACIÓN ESPECIAL»

Es realmente escandaloso que hayamos consentido, desde la escuela, la fabricación de una epidemia artificial de estudiantes de educación especial. No hay manera de explicar cómo hemos alcanzado una cifra de ¡sobre cien mil niños diagnosticados con algún trastorno del aprendizaje!, que no sea que se trate de una epidemia ficticia. La veterana *homeschooler* Mary Pride, en su libro, *Mary Pride's Guide to Getting Started in Homeschooling*, nos emplaza con los siguientes cuestionamientos:

> ¿Acaso estamos en medio de un enorme holocausto genético en el que el acervo genético se ha vuelto gradualmente turbio, creando cosechas masivas de niños defectuosos?
>
> ¿O será posible que haya algo defectuoso en la teoría de las "discapacidades del aprendizaje"?[272]

Uno de los consejos de mayor persistencia a través de este libro ha sido que no imites a la escuela en tu casa. Mary Pride emplaza a los grupos de apoyo que tampoco lo hagan trayendo a presuntos expertos a sus reuniones, que se dedican a propagar mitos de desórdenes de aprendizaje en las escuelas. Mary Pride hace el siguiente señalamiento:

---

[272] Pride, Mary. (2004). *Mary Pride's Guide to Getting Started in Homeschooling*. Harvest House Publishers. p. 393

Hasta la fecha, el movimiento de *homeschooling* se ha mantenido ambivalente ante el concepto de "discapacidades de aprendizaje". Por un lado, algunos *homeschoolers* no creen exista tal cosa como "discapacidades de aprendizaje". Por otro lado, personas acreditadas por el aparato educativo como expertas en discapacidades de aprendizaje han surgido con una presencia creciente, como conferenciantes en convenciones de *homeschoolers*.[273]

Contando con una vasta experiencia como *homeschooler*, Pride hace los siguientes señalamientos:

Luego de años estudiando el asunto —y años criando a nueve niños, dos que hubieran cualificado para una etiqueta de discapacidad de aprendizaje, de la escuela pública—, he alcanzado las siguientes conclusiones:

* Que no hay razón, excepto la adquisición de fondos del gobierno, para usar el término «discapacidad de aprendizaje».

* El término existe para transferir la responsabilidad del fracaso escolar del niño, de la escuela y los padres al ADN del niño.

* Por definición, las «discapacidades de aprendizaje» no tienen un origen fisiológico. Problemas de aprendizaje poseen términos médicos de facto, como «daño cerebral» o "Síndrome Down".

* Lo que uno llama «discapacidad» otro igualmente lo puede considerar «superdotado».

---

[273] Pride, Mary. (2004). *Mary Pride's Guide to Getting Started in Homeschooling*. Harvest House Publishers. p. 403

"EDUCACIÓN ESPECIAL"

> * Más importante que ponerle una etiqueta es determinar qué vas a hacer para manejar la lentitud o la tendencia a distraerse de tu hijo.[274]

Reducir dramáticamente las cifras de este atentado contra niños normales va a contribuir a descongestionar servicios necesarios para una pequeña población de niños que sí necesitan atención especial.

Para darle contexto a las condiciones que crea la escuela y que a su vez crean el terreno fértil para fabricar la epidemia artificial de trastornos del aprendizaje, considera las siguientes observaciones de Tony Wagner, en su libro *Most Likely to Succeed*:

> Impulsado por pruebas estandarizadas, la escuela se enfoca en capacidades de bajo nivel (por ejemplo, memorizar la ortografía correcta de las palabras). Los niños de alto potencial [...] son degradados y dejados atrás. Los avances en la automatización ponen de manifiesto el hecho de que estas tareas de bajo nivel son incidentales, no esenciales para las perspectivas de vida de las personas. Pero siempre que nuestro modelo de educación insista en poner una importancia demasiado grande en las habilidades de baja categoría, cualquier niño o familia se enfrenta a una terrible encrucijada: o se deciden por ejercicios incesantes para mejorar la memoria, a fuerza de repetición, o se opta por un puntaje más bajo en las pruebas de alto riesgo. Si sale cara pierdes; si sale cruz pierdes también. Le parte a uno el corazón.[275] (Wagner, 2016, p. 95)

Grace Llewellyn y Amy Silver, en su libro, *Guerrilla Learning, How to Give Your Kids an Education With or Without*

---

[274] Pride, Mary. (2004). *Mary Pride's Guide to Getting Started in Homeschooling*. Harvest House Publishers. p. 403
[275] Wagner, Tony. Dintersmith, Ted. (2016). *Most Likely to Succeed*. Scribner p. 22

School, ofrecen su perspectiva ante esta tragedia de las etiquetas:

> En lugar de descubrir sus dones, talentos, y su lugar en el mundo, muchos niños aprenden a verse a sí mismos como mediocres, "discapacitados" o como perdedores, si no se mantienen al día con las normas de medición del sistema escolar tradicional. Incluso los "ganadores" pueden un día despertar preguntándose por qué pasaron su juventud persiguiendo la aprobación externa, los incentivos sin sentido y los fines de otras personas —"estrellitas doradas"— hasta la exclusión de lo que amaban y le interesaban.[276]

Si a tu hijo lo han diagnosticado con alguna condición carente de legitimidad y evidencia, si no existe un sustrato material patógeno, seguramente se trata de una fabricación de caso que exime a los adultos de responsabilidad. La escuela queda excusada de daños causados a niños a los que se le imputa un desorden ficticio. Optar por el *homeschooling* le va a ayudar mucho a esos niños, no porque el *homeschooling* sea específicamente conveniente para niños identificados con algún trastorno del aprendizaje sino porque lo puede librar del abuso de ser usado para encubrir los fallos de la escuela.

En su libro, *The Teenage Liberation Handbook*, Grace Llewellyn advierte lo siguiente:

> Las escuelas culpan a sus víctimas. En otras palabras, infligen toda clase de experiencias y expectativas desagradables contra ti y luego te dicen que es tu culpa el que no te agrade. Te culpan por los problemas que causan.[277] (Llewellyn, 1997, p. 76)

---

[276] Llewellyn, & Silver, Amy. (2001). *Guerrilla Learning, How to Give Your Kids an Education With or Without School*. John Wiley & Sons Inc.p. 22

[277] Llewellyn, Grace. (1997) *The Teenage Liberation Handbook*. Element Books Limited p. 76

"EDUCACIÓN ESPECIAL"

El *homeschooling* le conviene prácticamente a todos los niños. Pero en el caso de niños imputados con un trastorno del aprendizaje, el *homeschooling* puede revelar que tu hijo está perfectamente sano. La fiebre no estaba en la sábana. Desde tu casa puedes ir restaurando el sentido común, en contraste con lo que a continuación afirma Llewellyn:

> La escuela no aboga por soluciones que derivan del sentido común porque si todos confiaran en su sentido común, dejarían de creer que necesitan "profesionales" de escuela para aprender.[278]

En las escuelas alternativas *Sudbury*, para darte un ejemplo, los niños no son obligados a leer a una edad específica. Leen cuando deciden leer. Ocurre que todos aprenden a leer a su ritmo. En esas escuelas no suele reportarse ni un solo caso de dislexia.

A mucha gente todavía le hace sentido enviar a sus hijos a la escuela aunque estén convencidos de que la escuela no funciona. Mejor sería, como sugiere el ensayista, investigador y financiero libanés nacionalizado estadounidense Nicholas Nassim Taleb, que optaras por algo que no te hiciera sentido y obtuvieras buenos resultados.

Optar por el *homeschooling* puede hacer desaparecer etiquetas y restituir en tu hijo la confianza en sí mismo. A su vez puede devolverte el alivio de haber traído al mundo a un hijo perfectamente sano, al deshacerte de filtros que distorsionan la mirada.

Al optar por hacer *homeschooling*, si tu hijo recibe ayuda por alguna discapacidad, no pierdes la ayuda. Si son ayudas federales estas no están condicionadas por la asistencia a la escuela. Pero ~~más allá de la ayuda, si tu hijo ha~~ sido diagnosticado a base de un

---

[278] Llewellyn, Grace. (1997) *The Teenage Liberation Handbook*. Element Books Limited p. 203

cuestionario, que tiene de rigor científico lo que tiene un cuestionario de astrología en una revista de farándula, lo más probable es que se trate de un falso diagnóstico.

De tratarse de una condición médica genuina la educación en el hogar le proveerá a tu hijo las mismas ventajas que le provee a los demás niños y jóvenes: una experiencia de aprendizaje que respeta el ritmo, los intereses y las necesidades particulares.

Con la educación en el hogar tienes la oportunidad de restaurar la fe en tu hijo y en ti, en su capacidad de aprender y de prosperar en un ambiente de respeto a su dignidad y de amor profundo, como el que sólo tú puedes profesar.

EPÍLOGO

LA ESTAMOS PASANDO BIEN

Vivimos en una isla tropical hermosa que a su vez es un laboratorio natural. Nuestros hijos nunca fueron estudiantes de escuela, ni pública ni privada, precisamente porque queríamos que tuvieran la mejor educación posible.

Curiosamente, sin escuela, nuestros hijos han tenido y tienen muchos maestros y mentores que surgen fuera de la estructura escolar. Entre esta legión de buenas influencias podemos enumerar a una maestra de costura, una maestra de piano, una de italiano, un maestro de bajo, piano y de violín, maestros de karate (tío Luis y titi Ingrid), maestros de judo, un maestro de danza *Hip Hop*, varios maestros de arte, entrenadores de remo, locales e internacionales, etc.

Haciendo el aprendizaje en línea como se debe, Dylan actualmente toma clases de piano y violín. También ha tomado clases de teoría de la música y composición, con quien fuera pianista de Juan Luis Guerra: Elvis Cabrera.

La mayoría de los niños que van a la escuela tienen que madrugar cuando preferirían descansar y acostarse temprano, cuando quisieran sacar más provecho a la noche. Si los han cargado de asignaciones, su tiempo es controlado por la escuela, aún a la distancia. Esto acorta su tiempo personal disponible para atender lo que les interese. También reduce tiempo de calidad a la convivencia familiar. Nuestros hijos no han padecido estas restricciones, que incluso subvierte su reloj biológico.

Recuerdo, leyendo *El libro del Niño*, del filósofo hindú, Osho, una anécdota que relata una queja de su infancia que hace a su padre, relacionada con el asunto de las exigencias y disciplinas impuestas a los niños en torno a dormir y a levantarse. El relato es el siguiente:

> Cuando mi energía no está todavía dispuesta para irse a dormir, me obligas a irme a la cama. Y cuando por la mañana tengo sueño, me sacas de la cama. Esto parece una forma un poco rara de ¡hacerme sabio! Y no veo la conexión. ¿Cómo voy a hacerme sabio obligándome a dormir cuando no tengo sueño? Y es que me paso horas tumbado en la cama, a oscuras…, horas que habría aprovechado de alguna manera, de alguna forma creativa, y tú me obligas a dormir. Pero el sueño no es algo que esté en tus manos. No puedes sencillamente cerrar los ojos y dormirte. El sueño llega cuando llega; ni atiende a mis órdenes ni a las tuyas, por eso estoy perdiendo el tiempo durante horas.[279]

Esta es la cruz de muchos niños. La moraleja con la que concluye la anécdota de Osho es la siguiente:

> Esa debe ser la norma: los niños deben ser ayudados a escuchar sus cuerpos, a escuchar sus propias necesidades. Lo básico para los padres es vigilar a los niños para que no caigan en una zanja.[280]

A nuestros hijos el mundo no se les viene encima, como un alud de preocupaciones innecesarias y hasta sádicas, porque

---
[279] Osho. (1999). *El Libro del Niño*. DEBATE EDITORIAL. p. 68
[280] Osho. (1999). *El Libro del Niño*. DEBATE EDITORIAL. p. 69

EPÍLOGO

tengan que mantener un promedio en lugar de aprender. No le hemos interrumpido su relación consigo mismo ni el tan vital ejercicio de escuchar sus cuerpos. Pensamos como el intelectual mexicano Gabriel Zaid, cuando afirma lo siguiente:

> Todos nos educamos a todos, a todas horas y en todas partes. También nos educan los animales, las cosas y las circunstancias: los gatos, la ciudad, las nubes, las herramientas, los libros, los museos, la música, la televisión. Y, desde luego, la experiencia, la curiosidad, el fracaso, que ayuda a entender la realidad. El apetito de observar y aprender mueve el desarrollo personal.[281]

Mientras aprenden nuestros hijos pueden enmendar errores las veces que sea necesario. Los pueden ir minimizando hasta alcanzar pleno dominio de lo que están aprendiendo. Así es como un artista o un atleta domina sus destrezas, practicando y cometiendo errores que van minimizando hasta alcanzar la mayor perfección posible. Así también hacen los autores con las ediciones subsiguientes de sus libros. Se corrigen errores que se filtraron en la edición anterior.

Nuestra jornada ha sido inspirada en la confianza plena en nuestros hijos y en palabras de profunda sabiduría como las de Iván Illich en Sociedad desescolarizada, Obras Reunidas I, que nos ayudó a entender la belleza de la experiencia humana del aprendizaje, mediante observaciones como la siguiente:

> El aprendizaje es la actividad humana que menos manipulación necesita de los demás. La mayoría del aprendizaje no es el resultado de la instrucción. Es más bien el resultado de la participación sin trabas en una actividad significativa.[282]

Un pensamiento que también nos ha inspirado

---

[281] https://www.letraslibres.com/mexico-espana/illich-el-removedor-0
[282] Illich, I (2015). Iván Illich *Obras Reunidas I*. Fondo de cultura económica. p. 226

profundamente y nos ha acompañado en el camino, nos llegó del filósofo español, José Ortega y Gasset. La frase es la siguiente:

> Sólo si los niños pueden vivir hoy plenamente como tales, mañana serán personas adultas en la plenitud de su potencial. El renacuajo no se hace mejor sapo si se le fuerza a vivir fuera del agua prematuramente. Así también, el niño no desarrolla mejores cualidades humanas si se reprime sus impulsos naturales, si se le obliga a portarse como un pequeño adulto que debe pasar durante muchas horas inmóvil, callado, asimilando conocimientos en proporciones reguladas científicamente por medio de lecciones verbales, siguiendo ejercicios predeterminados, de acuerdo con un horario organizado por especialistas en pedagogía.[283]

La hemos pasado bien porque nuestros hijos la han estado pasando bien. Porque nos han guiado principios como los que propone Ortega y Gasset. Porque no ha habido esfuerzos en imponer disciplina, pensando que de no forzar la disciplina no se dará. La disciplina se ha hecho presente, como resultado de la pasión y del interés por explorar la vida, mediante un aprendizaje escogido por ellos, no impuesto por nosotros. No quiere decir que no hemos propuesto aprendizajes exitosamente, pero esto se ha dado mediante conversaciones respetuosas.

Mucho de lo que se pretende enseñar en la abstracción no logra tracción en la mente y el mundo del que es forzado a aprender. Por eso mucho de lo que se enseña en la escuela se usa poco o se olvida. Es una ironía que mucho de lo que se pretende enseñar sin el consentimiento del estudiante, son aprendizajes que, de permitirles ser, seguramente lo habrían de aprender bien y en su momento.

Los niños nacen con un impulso por aprender que no requiere ser encendido externamente. Uno lo que procura es no

---

[283] https://www.scribd.com/document/399207897/educar-para-ser-rebeca-wild-pdf

apagarlo, no ahogarlo, ni siquiera con buenas intenciones. Lo que debemos procurar es contribuir a elevar las llamas.

En una entrevista realizada al educador y coordinador del Centro de Investigación y Asesoramiento de Educación Viva (CRAEV, en catalán), Jordi Mateu, le preguntaron qué ocurre si el niño decide no aprender nada de historia, o de matemáticas. Jordi respondió lo siguiente:

> Es imposible. Un niño bien cuidado no puede no aprender. Esto de entrada. Si estás en un espacio donde te sientes seguro, no te sientes juzgado en función de lo que haces, no tienes miedo, estás en un ambiente adecuado, con una buena relación con tus padres... entonces sólo necesitas abrirte a experiencias para aprender. Un niño por sí solo toca, experimenta, vive, se sube a cosas... y como resultado va aprendiendo. Y claro, entonces el educador, que sabe qué es lo importante, le provoca situaciones, le hace propuestas, le presenta materiales, juegos, y a partir de ahí se trabaja.
>
> Otra cosa es poner un punto de llegada en el desarrollo: «En sexto debe saber hacer fracciones», pero quizás ese niño lo que necesita en este momento es más actividades sensoriomotrices...[284] Y le estás provocando angustia al no respetar su proceso. [285]

Nuestros hijos, como sugiere Jordi, viven, y como consecuencia aprenden, no al revés. Hay experiencias de aprendizaje que aunque tengan edades diferentes pueden compartir. Muchas otras son experiencias propias de cada cual.

---

[284] Sensomotriz: Senso se refiere a sentidos y motriz se refiere a motor. Tipo de acción fundada exclusivamente en percepciones y/o en movimientos, y que es característica del periodo sensomotor del desarrollo de la inteligencia.
[285] https://www.eldiario.es/catalunya/archivo-de-educacion-de-catalunyaplural-cat/debe-vivir-consecuencia-aprender-reves_132_5758900.html

Nuestros hijos la pasan bien, como si estuvieran todo el año de vacaciones y todo el año aprendiendo. La paradoja aparente es que hay esfuerzo, trabajan, pero como afirmaba Confucio —y parafraseando— cuando te dedicas a hacer lo que te gusta, jamás tienes que trabajar.

Mucho del éxito de la educación en el hogar tiene que ver con que nuestra participación es mínima pero vital para que el autoaprendizaje se manifieste en todo su esplendor. Esa presencia mínima nuestra, incondicionalmente comprometida, aunque palidece ante la enorme libertad y responsabilidad que asumen por su propio aprendizaje, hace toda la diferencia.

Mucho del aprendizaje es producto del azar, no de la planificación —como la manzana de Newton—. Esos aprendizajes cuentan tanto o más que el aprendizaje que se da como producto de un esfuerzo programado de antemano —que son también valiosos si cuentan con el honesto consentimiento del que va a aprender—. Incluso hay aprendizajes que no sabemos que se han dado y que muchas veces nos toman por sorpresa cuando se manifiestan.

Nuestros hijos aprenden, no preparándose para la vida. Aprenden viviendo la vida. Aprenden desde la vida misma. Aprenden siendo vida. Disfrutan el aprendizaje porque aprender es vivir y vivir es aprender.

La estamos pasando bien y no debe haber ninguna razón para que ustedes no puedan pasarla bien. Uno no necesita de otros para limitarnos y hacernos creer que no podemos. Busca rodearte de gente que crea en tus sueños pero tampoco esperes que el camino sea color de rosas. Esto es un cliché pero no quiero que se lleven la impresión incorrecta de que todo es idílico. Lejos de serlo es tan real como la vida misma y sus desafíos.

Es tiempo de confiar en tus hijos y en ti. No es complicado si no lo complicas. No es difícil. No es fácil. No debe serlo. Es la

EPÍLOGO

vida misma.

El futuro está en los ojos de tus hijos, y es ahora, no mañana. Se puede ser mucho más feliz que desdichado. Se puede soñar un mundo mejor, desde el hogar y desde todo confín que alcance a tocar a tus hijos.

La estamos pasando bien porque aunque los tiempos no sean alentadores este es el mejor tiempo para nuestros hijos estar vivos. Así lo deberían ver ellos. Si así no lo vieran algo estaríamos haciendo mal. Ciertamente podemos y vamos a seguir honrando esa buena noticia: nuestros hijos merecen ser libres para aprender y es aprendiendo que pueden llegar a ser libres.

Made in the USA
Columbia, SC
06 May 2022